正循环

六步成长法则

佐慧 著

清华大学出版社
北京

图书在版编目（CIP）数据

正循环 ：六步成长法则 / 佐慧著. -- 北京 ：清华大学出版社, 2025. 8.

ISBN 978-7-302-70057-9

Ⅰ. C961-49

中国国家版本馆 CIP 数据核字第 20258SS429 号

责任编辑：吴　雷
封面设计：徐　超
责任校对：宋玉莲
责任印制：刘　菲
出版发行：清华大学出版社
　　　　　网　　　址：https://www.tup.com.cn, https://www.wqxuetang.com
　　　　　地　　　址：北京清华大学学研大厦 A 座　　　　邮　　编：100084
　　　　　社　总　机：010-83470000　　　　　　　　　　邮　　购：010-62786544
　　　　　投稿与读者服务：010-62776969，c-service@tup.tsinghua.edu.cn
　　　　　质　量　反　馈：010-62772015，zhiliang@tup.tsinghua.edu.cn
印　装　者：大厂回族自治县彩虹印刷有限公司
经　　销：全国新华书店
开　　本：170mm×240mm　　　印张：12.5　　　字　　数：203 千字
版　　次：2025 年 9 月第 1 版　　　　　　　　印　　次：2025 年 9 月第 1 次印刷
定　　价：59.00 元

产品编号：109207-01

PREFACE 序言

正循环启航

从梦想到行动的转变

亲爱的小伙伴：

当你手握这本书时，我心中充满了喜悦。感谢你与这本书的相遇，这不仅是一本指南，更是我们共同成长旅程的序章。我期待与你一同踏上这段探索未知世界的奇妙之旅，一起发掘无限的可能。

每逢新年的钟声敲响，我们心中总会涌现出许多美好的计划和愿景，但随着时间的流逝，这些计划和愿景往往被搁置。我们可能立下目标，却从未真正启程；我们可能在行动中遭遇挫折，不得不中途折返；我们还可能在拖延的旋涡中挣扎数月，最终不得不放手；我们甚至可能在追逐不断变换的目标中，迷失了自己最初的方向。

五年前，我决定从传统的工作模式中跳出来，开始了自己的自由职业生涯。心中满是对自由的渴望，但同时，对未来的不确定和焦虑也如影随形。面对目标的不断变更、时间管理的挑战和拖延症的侵袭，我曾感到力不从心。

转折点出现在我听到埃隆·马斯克的一句话："人生最大的挑战之一，就是确保你有纠正性的反馈回路，然后保持这个纠正反馈回路。"这让我开始思考如何构建一个能够推动自己不断向上的正反馈循环。

于是，我开始了一段探索之旅：从阅读大量关于目标设定和复盘的书籍，到深入理解动机心理学，我逐渐认识到，要从零开始做成一件事，需要的不仅是行动力，更需要理解内在的动机、时间管理以及如何培养良好的习惯。我意识到，这些问题并非孤立，它们是一个整体的系统。

　　经过一年半的阅读和整理，我将这些知识点整合并制作成视觉笔记，在小红书上分享。通过 100 天的不断更新，我收获了 1 万名粉丝的认可，这让我意识到，也许有许多人像我一样，正在寻找着成长的路径。于是，我萌生了写书的想法。

　　"现在还有人看书吗？""这些方法真能解决问题吗？""你有足够的专业水平和影响力吗？"尽管遭遇质疑，但我依然决定尝试。

　　斯科特·亚当斯和周岭的思想给了我巨大的启发。斯科特·亚当斯说："寻找两项你擅长的技能，即使它们各自只能让你排在前 25% 的水平。通过将这两种技能互补并叠加，你便可以打造出自己的独特优势。"周岭公众号的第一篇文章——《接受屎一样的开始》，让我有了继续前进的动力，文中的许多话让我有勇气接受不完美的自己，并坚信只要开始行动，就能不断进步。

　　《正循环：六步成长法则》是我在这个过程中的一些思考和实践的总结。希望它能给你启发，在你前进的路上提供一些线索和力量。

　　如果你也在寻求改变，那么你准备好了吗？

　　不要害怕开始，因为每一步都会离你的目标更近。让我们一起，用行动和坚持，绘制出属于自己的正循环之路。期待与你一同成长。

佐慧

2025 年 6 月

目　录

上篇：唤醒沉睡的潜能——WHY（为什么要改变）

中篇：打造你的改变蓝图——HOW（如何改变）

下篇：具体的行动步骤——WHAT（改变什么）

上　篇

唤醒沉睡的潜能

WHY

（为什么要改变）

第1章

点燃内心的火焰——
找到激发热情的隐藏开关

1.1　热情重燃：摆脱被动，找回生活的色彩

还记得小时候那些梦想吗？想成为科学家、宇航员、画家，或者只是想拥有一家糖果店。随着时间的流逝，那些曾经的梦想似乎被日常的忙碌和重复所消磨。我们的日子开始变得像上了发条的钟表，机械地循环着，缺乏了主动探索的动力。我们习惯了被琐事推着前行，渐渐失去了思考与主动选择的能力，成了被动相应的"机器人"

我们总是被动地做事，成了需要别人推一下才肯行动的人。这就是稻盛和夫所说的"可燃型"的人。

1.1.1　从可燃到自燃：内在动力的觉醒

稻盛和夫在《活法》中提到人的三种类型：不燃型、可燃型和自燃型（见图 1-1）。

（1）不燃型：对生活和工作缺乏热情，不易被激励。自己燃烧不起来，别人也点不燃。

（2）可燃型：缺乏主动性，需靠外界点燃。

（3）自燃型：具有内在驱动力，能自我激励并影响他人。

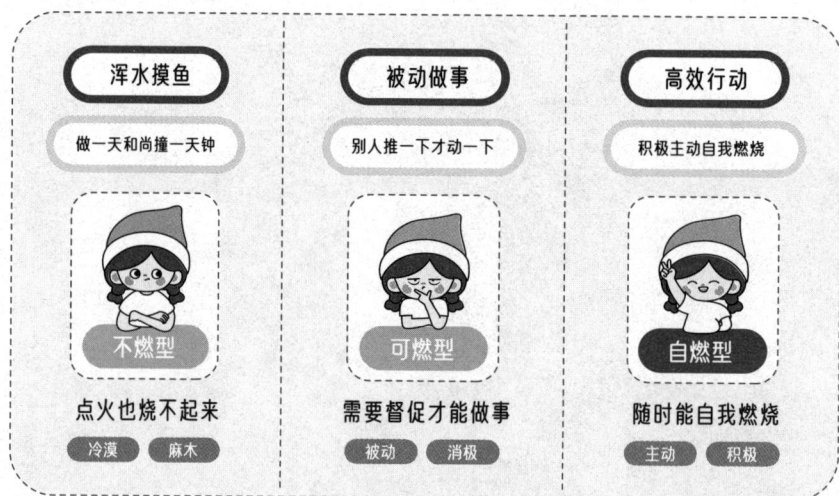

图 1-1　三种类型的人做事的状态

　　图 1-1 中"可燃型"的人在职场中随处可见，许多人表现出"不主动、不负责、不拒绝"的态度，这限制了他们的成长和职业发展。

　　在知乎上刷到一个帖子，一位妻子"吐槽"她的丈夫。她说，每次让老公洗碗，他就像是个听话的机器人，只执行最基本的命令。让他去洗碗，就只是洗碗，而对筷子、勺子、锅子这些都视而不见。当你提醒他："顺便把那些也洗了吧。"他这才如梦初醒，把锅碗瓢盆一股脑儿地洗了个遍。但洗完后，他还是没有主动去擦灶台。非得等到你再次提醒，他才拿起抹布，乖乖地擦起了灶台。至于墙面和抽油烟机？别想了，除非有人告诉他："这里也需要擦。"否则，它们就只能继续蒙尘。

　　这位听话的老公，就是稻盛和夫在《活法》中提到的"可燃型"人的典型代表。他们做事被动，缺乏主动性和创造性，总是需要别人推一下才动一下。

1.1.2　职场挑战：从被动到主动的转变

　　这种被动等待的特征不仅体现在家庭生活中，在职场中更是屡见不鲜：有些人看起来总是忙得团团转，但如果你仔细一瞧，就会发现他们只是"被动的忙碌者"。

　　有时候，忙碌不可怕，可怕的是忙碌却得不到认可，这让我想起曾经的同事小葫的故事。

　　多年前，我在一家互联网公司做网站设计师，小葫是客服部的一员。她的工作很烦琐，每天都得处理一大堆事情，但三年过去了，她的工资却一点没涨。她觉得自己特别委屈，于是去找领导谈加薪，结果被拒绝了。领导告诉她："小葫，你工作是很认真，但你太被动了，总是按部就班，没有主动思考如何把工作做得更好。公司看中的是员工的能力和创新，而不仅仅是每天按时打卡。"小葫很困惑，她觉得自己明明很敬业，怎么就成了能力不足呢？于是，她找到了人力经理。经理耐心地解释说，"企业里的人才可以分为四类"（见图 1-2）：

　　①人材："材"是"木材"的"材"，工作认真，但能力有待提高，公司愿意培养。

　　②人财："财"是"财富"的"财"，既有能力又有态度，公司最看重这样的人。

　　③人裁："裁"是"裁员"的"裁"，既没能力又不愿意工作，公司迟早会裁掉。

　　④人才："才"是"才能"的"才"，能力很强，但不愿意为公司出力，这样的人公司也会谨慎考虑。

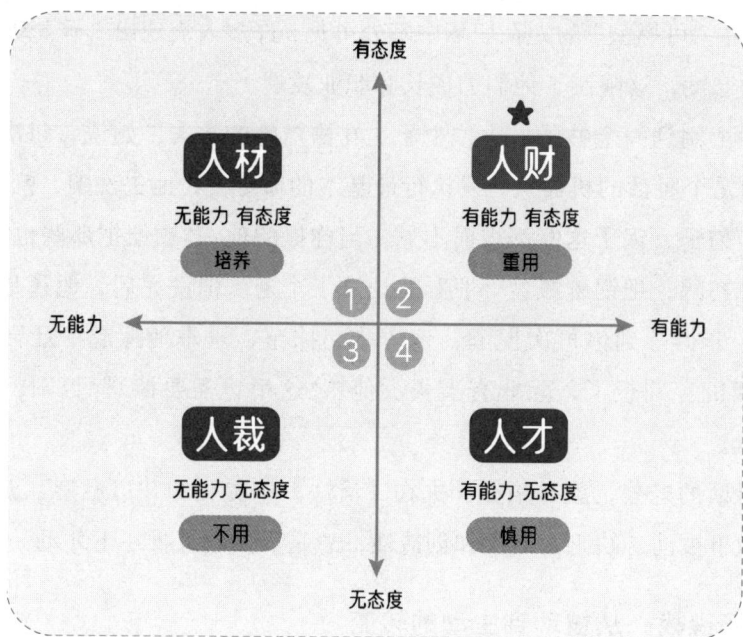

图 1-2　企业里的四类人才

经理接着说，"能让领导主动加薪的，是那些既有能力又有态度的'人财'"。而小葫虽然工作踏实，但缺少了主动性。她只是被动地接受任务，缺乏思考和解决问题的积极性。原来，在领导眼里，小葫除了录入合同，其他的工作都做得不太好。面对销售人员的咨询，她总是推给领导；遇到问题合同，她也不问明原因，直接上报；客户投诉，她也只是机械地记录，从不主动沟通解决。

这就是"可燃型"人：虽然在做事，但总是很被动，缺乏热情。他们不知道自己真正喜欢什么，想要什么，因此对工作和生活都提不起兴趣。虽然工作勤奋，但缺乏主动性和创新思维，难以获得认可和提升。

1.1.3　心灵觉醒：点燃内在火焰

那些习惯于被动行事的人所缺乏的并非行动本身，而是一次心灵的觉醒。他们应该去连接自己内心深处的梦想和渴望，重新找到热情所在。

无论是在职场上还是在生活中，我们需要的是那些"自燃型"的人——他们心中有一团火，能够自我驱动，不需要别人督促。他们找到了自己的热爱，就像找到了那团火的火种。

在斯坦福大学的一次著名演讲中，乔布斯分享了他的人生哲学："Stay hungry, Stay foolish."这句话激励我们保持好奇心和初学者的心态。他强调，追随内心和直觉，投身于自己真正热爱的事业，是实现梦想的关键。

三分钟热度的兴趣不是热爱，作者古典在《拆掉思维里的墙》中说了兴趣的三种境界：兴趣、乐趣和志趣。真正到了志趣层面，才能称之为热爱。

热爱不是一开始找到的，而是我们从内心深处的"渴望"开始，逐渐将其转化为"热爱"。渴望可能只是一种直觉、一个需求或一个愿景，但通过时间和努力，它可以成长为驱动我们前进的熊熊烈火。从内心的"渴望"到真正的"热爱"其实会经历如图 1-3 所示的系统过程。

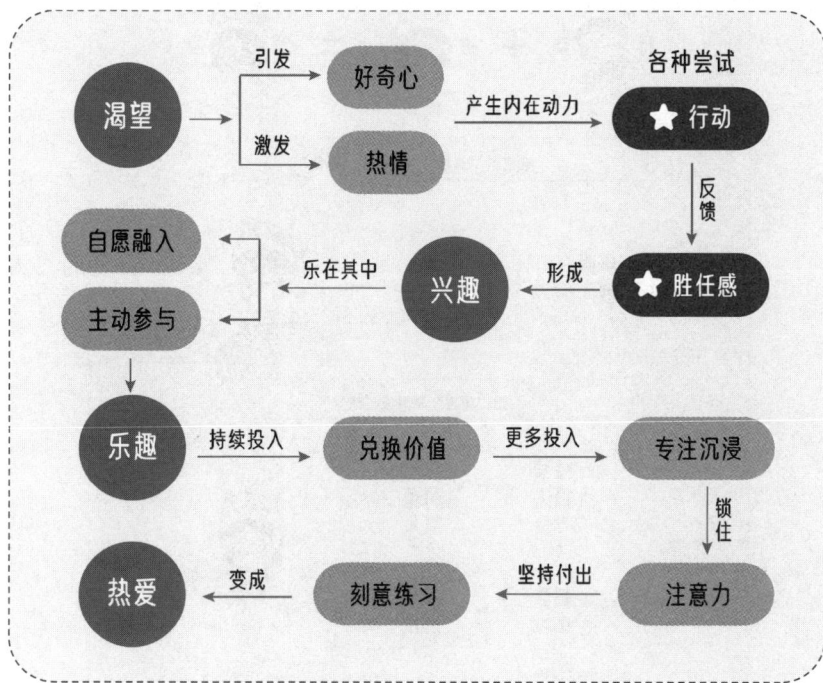

图 1-3　从内心的"渴望"到真正的"热爱"所经历的系统过程

1.1.4　渴望到热爱的三次转变

1. 渴望引发兴趣

将渴望转化为行动，通过不断地尝试和学习，我们的兴趣才会被逐渐点燃。

2. 兴趣变成乐趣

深入某一领域后，我们才开始享受过程，并且体验到成长和满足，最后乐趣自然而然地产生。

3. 乐趣升级为热爱

当我们看到自己的进步和成果，我们便愿意投入更多，不断精进，最终将乐趣转化为深深的热爱，如图1-4所示。

图1-4　从渴望到热爱的三次转变

1.1.5　热爱成就成功：从渴望到实现

渴望是起点，但要实现梦想，关键在于行动——通过一系列有意识的步骤逐步实现自我提升和目标达成。

实现转变的三个步骤：

（1）探索与行动：沉浸在你的愿景中，找到第一步的动力，开始探索和行动。

（2）学习和成长：在热情的驱动下，不断学习并提升自己的能力，将兴趣转化为更深层次的乐趣。

（3）专注与精进：持续投入，专注练习，从熟练到精通直至形成习惯，最终将能力转化为价值。

热爱：成功路上的火种

当我们锁定了内心的热爱并决心追随它，成功便悄然启程。虽然道理简单直白，但坚持的道路并非总是平坦无阻。在这条充满激情的征途上，我们不可避免地会遭遇三大挑战：拖延的陷阱、半途而废的诱惑以及从未迈出的第一步。

（1）拖延的陷阱：它悄悄侵蚀着我们的决心，让我们在行动的边缘徘徊。

（2）半途而废的诱惑：在挑战面前，我们可能会失去初心，放弃即将到来的突破。

（3）从未迈出的第一步：对未知的恐惧和怀疑，让我们固守现状，不敢向梦想进发。

要实现心中的热爱，我们必须学会正视并克服这些障碍。每一次小胜，都是对自我能力的肯定；每一个挑战的克服，都是向梦想迈进的坚实一步。记住：热爱是火种，坚持是燃料，而行动是点燃成功的火花。

1.2　行动心理学：如何快速打破拖延循环

自燃型的人之所以卓越，并非单纯因他们不依赖外界的推动，更重要的是因为他们内心有一股强大的驱动力，激励自己不断前行。然而，即便是这样的行动派，也难免会遇到动力不足的时刻，克服拖延便成了他们最常见的难题。

想想我们的童年，暑假的最后一周总是在赶作业的忙乱中度过。成年后，这种模式不自觉地延续到了工作中：明知重要任务迫在眉睫，却还是不由自主地沉迷于电子产品，让宝贵的时间在指尖悄然流逝，直到最后截止日期的紧迫感驱使我们采取行动。

拖延不仅仅是时间管理的问题，它更深层次地触及我们的心理状态，带来自我怀疑和无力感。这种内心的挣扎和焦虑，形成了一种恶性循环，使我们在渴望改变与重复旧习之间徘徊。

1.2.1 拖延的共鸣：从胡适到达·芬奇

战胜拖延，关键在于内心的自我认同和接纳。拖延是人之常情，即使是历史上的杰出人物也难免于此。

胡适在《胡适留学日记》中就记录了他的挣扎：7月12日，他立志要勤学苦读；然而，从7月13日开始，连续几天的日记内容都是简单的"打牌"二字。直到7月16日，他自我反省，批评自己的堕落，但到了17日和18日，依旧是"打牌"。

不仅是胡适，许多名人也与拖延为伍。达·芬奇，这位伟大的艺术家，其拖延行为同样出名。1481年，他接受委托创作《三博士朝圣》，却因拖延而未能完成。他的许多作品，包括《蒙娜丽莎》，耗时多年才得以完成。

《变形记》的作者卡夫卡，为了写作辞去工作，却将时间花在了写情书上，而他计划中的小说却迟迟未能动笔。他总共写了超过五百封情书，而计划完成的三部小说却只开了个头。

历史上，众多杰出人士同样面临过拖延的挑战，这表明拖延是一种普遍现象。因此，当我们发现自己拖延时，不必沉溺于自责，因为这会加剧拖延的问题。拖延的原因多种多样，理解这些原因对于找到解决办法至关重要。接下来，我们将探讨这些影响因素，以便深入理解拖延的本质，并发现克服它的有效方法。

1.2.2 为什么会拖延？

要真正理解拖延，我们需要考虑四个核心因素，它们共同作用于我们的行为模式。

1. 缺乏成功信念

拖延是一种逃避行为，当我们面对任务时，若内心对成功缺乏信心，便可能产生逃避。我们可能会低估完成任务所需的时间和努力，当预见到可能无法达到预期目标时，便会感到焦虑和恐惧。心理学家将这种情绪称为"失败恐惧"，它源自我们对个人能力的怀疑和对成就标准的担忧。拖延者通过推迟行动来避免直面失败的恐惧，这种行为虽然暂时缓解了焦虑，但也伴随着长期的内疚和忧虑。拖延者倾向于相信，如果他们没有拖延，可能会表现得更好，这种心态在一定程度上维护了他们的自我价值感。

2. 受制于外界压力

在感到被迫或缺乏自主性的环境中，拖延成为一种重获控制感的策略。例如，当一个人感到被他人强迫执行任务时，他们可能会通过拖延来寻求一种心理上的自主权。拖延在这种情况下，是对他人期望的反抗，是一种无声的抗议，用以维护自我尊严和个人选择的权利。

3. 被一些琐事干扰

在当今信息充斥的世界，我们的注意力容易被各种琐事分散。当紧急但不重要的任务占据了我们的注意力，那些重要但不紧急的自我发展活动就会被推迟。这种优先级的错置反映了我们对注意力管理的不足以及对时间价值缺乏深刻认识的问题。

4. 目标和回报太遥远

人类天生倾向于追求即时满足，而对于那些需要长期投入和等待的任务，往往缺乏耐心。当目标遥远且回报不明确时，我们的动力会减弱，从而导致拖延。我们可能会认为现在的努力与未来的成果之间缺乏直接联系，这种不确定性削弱了我们的行动意愿。

1.2.3　克服拖延症的六大策略

在追求目标的征途上，往往最大的障碍不是外在环境，而是内心的犹豫和拖延。如何将一闪而过的想法转化为切实的行动？立即行动不仅仅是一句口号，它更是一种生活态度，一种将想法转化为现实的直接途径。以下是几个实用的方法，帮助你从想法迅速过渡到行动，减少犹豫，提高效率。

1. 目标具体化：提高执行力的关键

目标设定的方式直接影响我们的行动力。德国心理学家 Sean McCrea 的研究表明，当目标设定停留在抽象层面时，我们更有可能拖延；而具体的目标设定能够显著提升我们的执行力。

在 McCrea 博士的研究中，这一现象得到了清晰的展示。研究团队要求一群学生在三周内完成开设银行账户的任务，并记录日记。学生们被分为两组：一组记录抽象的思考，如"什么样的人会开银行账户"；另一组记录具体的行动，如与银行职员的交流和填表经历。结果显示，记录具体行动的学生不仅完成任务的速度更快于进行抽象思考的学生，而且完成任务的比例也远高于仅进行抽象思考的学生。

这一发现强调了将目标细化为可执行步骤的重要性以及这样做对于提高个人执行力和减少拖延行为的积极作用。

2. 5 分钟规则：快速启动行动

《幸福心理学》中的这个方法被用来对抗拖延症，它建议人们在开始一项任务时，告诉自己只需要坚持 5 分钟。通常在这 5 分钟之后，人们会发现继续做下去没有那么难，甚至可能已经沉浸在任务中，忘记了最初的抵触情绪。

当你面临一个庞大或复杂的任务时，告诉自己："我只做 5 分钟。"这个简单的策略可以极大地减少启动任务所需的心理阻力。大多数情况下，一旦开始，你就会发现继续下去并不像想象中那么困难。

3. 番茄工作法：高效管理时间

有时，我们未能完成目标或出现拖延，这与任务拆分的方式密切相关。今天，我将介绍一种简单而有效的时间管理方法——番茄工作法。这种方法表面上看是将工作与休息相结合，即工作 25 分钟后休息 5 分钟。然而，其核心在于提高专注度和合理拆分任务。

面对不确定完成时间的任务，我们可能会设置过于艰巨的目标。这时，我们需要不断地优化计划，更好地了解自己，从而制订出切实可行的计划。时间管理的本质不在于争取更多时间，而是在有限的时间内做更多有成效的事。

时间管理是自我管理的一部分。提升效能、效率和动力，只是时间管理的初级阶段。高级的时间管理不仅仅是对时间的控制，更是对思维方式的升级和生活方式的拓展。

番茄工作法的应用范围广泛，它不仅可以在执行任务时使用，还适用于制订计划清单、记录工作进展以及统计复盘等，如图 1-5 所示。

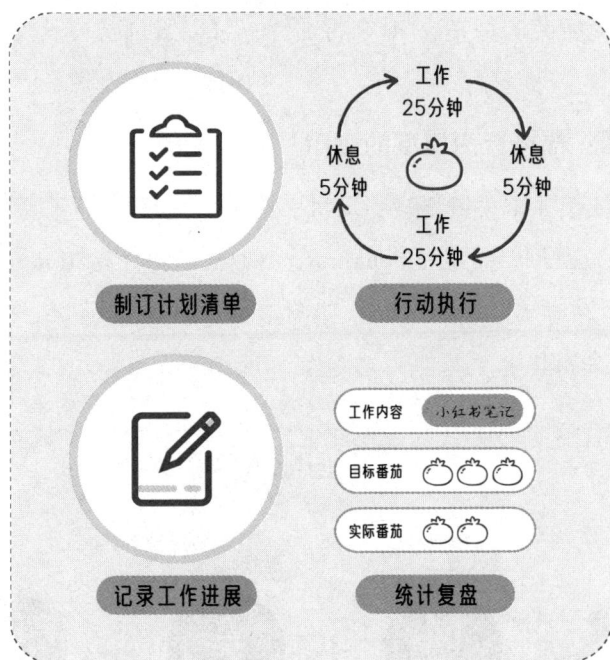

图 1-5　番茄工作法的使用场景

　　番茄工作法的目标不是简单地增加工作量，而是优化计划，精确预估任务，通过复盘改进工作学习流程，实现自我迭代，其关键在于每天确定并完成 3 个重要的任务。作为执行者，我们还需具备决策者的思维，增强决策意识，集中注意力，减少中断，强化决断力，坚定达成目标的决心，确保每项任务都能达到预期效果。

　　番茄工作法的实践要点：

　　（1）对于预计时间少于 1 个番茄钟（25 分钟）的活动，可以与其他任务合并进行。每个番茄钟一旦开始，就不应暂停。如图 1-5 中行动执行图例所示。

　　（2）一旦中断，应重新开始计数。超过 3 小时的任务需要进一步细分。番茄工作法不适用于假期和休息日的活动，避免在非工作时间使用。

　　（3）避免将自己的番茄钟数据与他人比较，应制订个性化的时间表。初始使用时可能会失败或感觉无效，这是正常的。重要的是培养专注力和复盘能力，优化并形成标准化的成功经验。

　　番茄工作法是一种时间管理技术，它将工作时间分割成 25 分钟的工作单元，每个单元之间有短暂的休息。这种方法可以帮助你保持专注，减少干扰，并通过短暂的休息来避免疲劳。每完成 4 个番茄钟，可以给自己一段较长的休息时间，作为奖励。

4. 破解拖延：福格行为模型的应用

行为的发生依赖 3 个关键要素：动机、能力、提示。

根据福格行为模型，行为（behavior，B）＝动机（motivation，M）＋能力（ability，A）＋提示（prompt，P），如图 1-6 所示。当动机、能力、提示三要素备齐，行为就会发生。

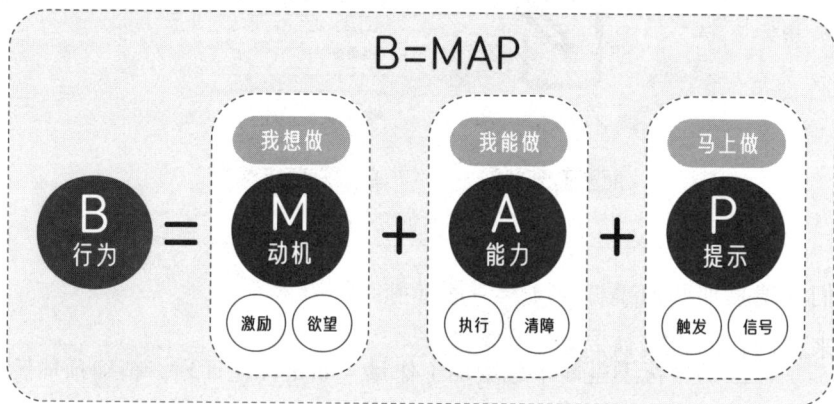

图 1-6　福格行为模型

① "动机"是我们行动的理由，是内心想做某事的驱动力。

② "能力"是指我们能够完成某项具体任务的能力。

③ "提示"则是在适当时刻激发我们行动的信号。

我们常常因为任务的复杂性而拖延，如撰写报告、论文写作或学习新语言。这些任务包含众多小任务，累积的压力导致我们宁愿推迟也不愿开始。为了克服拖延，我们需要简化第一步，使其简单到可以在 5 分钟内启动。

福格行为模型为我们理解和解决拖延提供了有力工具。要促使特定行为的发生，动机、能力和提示三者缺一不可。当任何一个环节缺失时，都可能导致拖延。因此，通过降低任务的启动难度，我们可以有效减少拖延、激发行动。

每一个伟大的成就都始于一个小小的行动。不要害怕开始，行动是通往成功的第一步。最终你会发现，那些宏伟的梦想已经近在眼前。

5. 自我接纳：接受真实自我，释放内在力量

拖延源自我们深层的情绪和心理状态。设置最后期限或分解目标，这些策略或许能短暂缓解拖延，但它们并未触及问题的核心。真正的解决之道，在于内省和直面自己的情绪。

要做到这一点，我们需要先学会与自己对话，问自己以下问题：

①我现在感受到了怎样的情绪？

②是什么触发了这些情绪？

③这些情绪对我的行动有益，还是仅仅阻碍我？

④我能采取哪些行动来化解这些情绪？

拖延不是道德的缺陷，它关乎我们如何与自己和谐相处，如何面对真实的自我。在寻找克服拖延的方法之前，我们必须先审视自己的生活。只有深入探索，我们才能找到拖延的真正原因。接受自己，而非构建一个理想化的自我，是采取有效行动的第一步。

我们常羡慕那些似乎拥有无尽意志力的人。然而，心理学告诉我们，真正的行动力来自内在的自我认同和一致性。意志力虽重要，但它不是行为改变的唯一驱动力。我们需要找到那种即使在动力不足时也能推动自己前进的内在力量。

拖延往往因为我们无法进入状态，我们在外徘徊，寻求他事以缓解压力。但活在当下，就是接纳真实的自己。只有真实，我们才能拥有平静的心境，找到成长的起点。

正如武志红老师所言："自我成长，不是走向完美，而是走向真实。"真实是成长的基石。无论是减肥、戒烟还是学习，真正的动力来自内心深处的自我实现倾向。

外界的期望和想法，若能内化为自己的价值观，便能转化为强大的动力。自我察觉是实现个人整合的关键。通过整合自我，我们能够变得更加真实，更能够实现我们内心深处的一致性与和谐。

四个步骤，实现自我整合：

（1）自我觉察：认识到自己的内在需求和价值观。

（2）情感接纳：理解并接受自己的情绪，无论正面还是负面。

（3）价值观内化：将外界的期望转化为个人的追求。

（4）行动一致性：确保行为与内在价值观保持一致。

通过这四个步骤，我们可以逐步实现自我整合，找到真正的自我，从而克服拖延，实现自我成长。

6. ABCDE 方法：打破拖延的枷锁

先前我们已经认识到，恐惧失败是导致拖延的主要原因。美国德保罗大学心理学教授 Joseph R. Ferrari 博士，在其 2010 年出版的《万恶的拖延症》一书中，深入探讨了拖延行为背后的心理机制。Ferrari 认为，拖延是一种情绪调节手段，人们出于对失败的恐惧和对成功潜在压力的担忧，选择暂时逃避，即便这种逃避伴随着内疚和忧虑。

拖延往往是深层恐惧的体现——害怕失败、不完美、不被认可。这种恐惧导致人们在遭遇挫折时，不仅认为自己在某项任务上失败，更可能全面否定自我价值。加利福尼亚大学伯克利分校心理咨询中心的理查德·比里博士，他观察到害怕失败的人可能有一套自己的观念，这些观念将为成就而奋斗变成了一件令人恐惧的冒险。

害怕失败的人往往会持有以下限制性信念：

①我的工作表现直接体现了我的能力。

②我的能力越强，我的自我价值感越高。

③我的所作所为定义了我的个人价值。

害怕失败的人心中都有这样两个公式：

（1）一件事失败＝自己是失败者

（2）自我价值感＝能力＝表现

为了克服这些心理障碍，我们可以借鉴美国心理学家艾伯特·埃利斯的"合理情绪行为疗法"（ABCDE 方法）。这一方法提供了一种心理自助工具，教导我们如何识别和挑战非理性信念，并用更加理性的信念来取代它们，从而有助于改变拖延行为，促进个人成长。通过这些理论和实践，我们可以更好地理解拖延的根源，并采取积极的步骤来应对和改善这一行为模式。

ABCDE 方法框架：

A（activating event）：触发情绪和行为的具体事件。

B（belief）：我们对事件的解释和评价。

C（consequences）：信念导致的情绪和行为结果。

D（dispute）：质疑并挑战非理性信念。

E（effect）：信念改变带来的积极效果。

拖延思维的转变：

（1）识别拖延思维，增强控制感。

（2）与"以后再做"的思维辩论，培养"立即行动"的习惯。

（3）通过行为训练，保持积极与活力，避免拖延。

通过一个拖延案例，我们来探讨一种有效的思维转变策略。

触发拖延的事件（activating event，A）：写作任务，推迟了交稿期限。

合理信念（rational belief，RB）：第 1 章已经修改了 3 个月，大纲、内容和插图都显得杂乱无章。

不合理信念（irrational belief，IB）：感觉一直在做自己不擅长的事情，进步缓慢。心中开始质疑自己：

——按照这样的速度，一年内能否完成这本书？

——今年的计划是否又成了一个遥不可及的梦想？

——作为一个设计师，我为何要自寻烦恼写书？

不合理信念的影响（consequence，C）：对自己能否按时完成产生怀疑，对写作能力感到不满，心中有些沮丧，担心无法实现新年目标，产生了逃避的想法。

反驳自己的观点（dispute，D）：第 1 章只是一个起点，用了 3 个月并不意味着其他章节也会耗费同样长的时间。随着流程的熟悉，其他 5 章已经有了草稿和清晰的思路。预计 3～6 个月内可以完成。

有效的新观点（effect，E）：对于新手来说，写一本书本就不易，逐步推进是常态，急于求成无济于事。从最初的草稿到现在的规范，已经取得了显著进步。当前的任务是找到合适的方法，将难题进一步细化分解。

拖延是人性的一部分，是我们大脑的自然反应。我们不需要为此自责。真正的解决之道，在于接纳自己的局限性，培养成长心态，建立新的思维方式。当困难来临时，我们应舒缓焦虑和压力，不再逃避，打破拖延与内疚的循环。

1.3   坚持原来这么简单：轻松打破半途而废的怪圈

拖延与半途而废仅一步之遥。当任务被推迟到最后一刻，我们会面临两种选择：痛苦地完成或彻底放弃。半途而废的行为是我们成功道路上的隐形障碍。

1.3.1   兴趣与成就：挖掘持久动力的源泉

想象一个人挖井，他第一天挖三米，第二天换个地方再挖四米，如此循环，却始终未见水。如果他能持续在一处深挖，可能早已找到水源。

许多人在职业或兴趣上频繁转换，总以为下一件事会更有趣或更有价值。从吉他到配音，再到视频剪辑，我们不断追求新事物，却未能在任何领域精耕细作。

为什么我们的兴趣难以持续？往往是因为我们在遇到困难时，告诉自己"我不擅长"，从而失去了前进的动力。李笑来在《把时间当作朋友》中指出，兴趣往往源于成就，而非成就源于兴趣。

胜任感和自我满足感是持续前进的关键。当我们在一件事情上取得成就，自然会产生兴趣。要打破半途而废的循环，我们需要找到并培养这种胜任感。

要激发持久的动力，我们必须认识到不是有兴趣才能做好，而是做好了才有兴趣。通过持续的努力和成就，我们可以培养出真正的兴趣，从而实现自我成长。而要实现这一点，我们需要了解如何克服半途而废的倾向。

1.3.2   坚持的力量：如何克服半途而废？

改变——无论是学习新技能还是探索新领域，总是伴随着艰难和不确定性。在这一过程中，我们不可避免地会遭遇挫折，产生挫败感，这些感觉也推动着我们放弃。

心理学家 Daryl R. Conner 研究发现，当人们开始学习新技能或进行某种改变时，心理和情绪上会经历一系列变化。这种自发改变的心理过程呈现 U形曲线特征，被称为"变革情绪周期"（The Emotional Cycle of Change），包含五个阶段：无知的乐观、知情的悲观、绝望之谷、知情的乐观、成功与满足

（见图 1-7）。

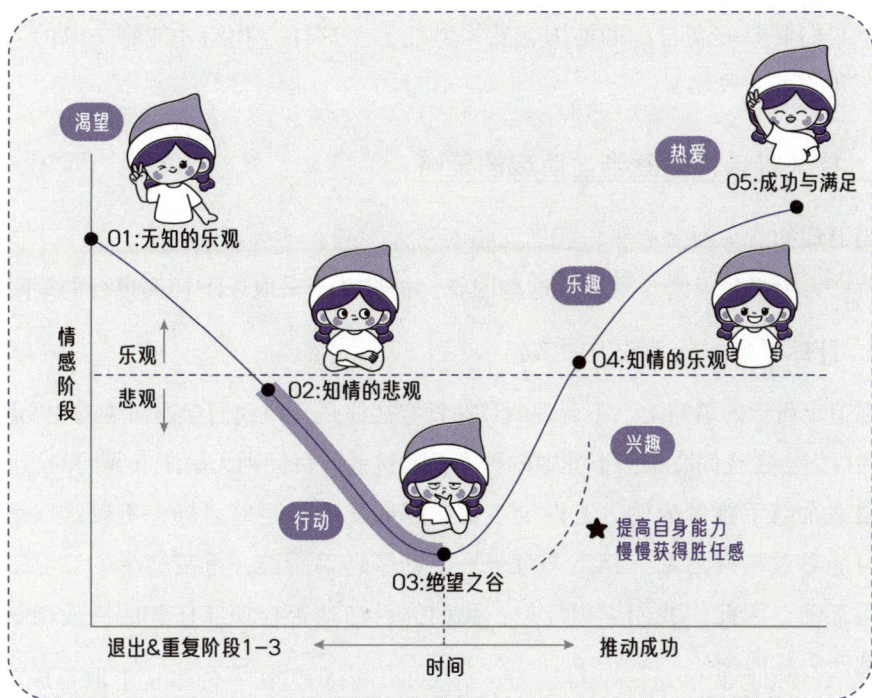

图 1-7　自发改变心理过程 U 形曲线及五个阶段

让我们详细了解这五个阶段：

第一阶段：无知的乐观（初始的盲目自信）

开始时充满憧憬，对困难一无所知，满怀激情地投入。

第二阶段：知情的悲观（认识到现实困难）

深入了解后发现任务艰巨，开始焦虑和自我怀疑。

第三阶段：绝望之谷（陷入挫败和迷茫）

最艰难的时刻，许多人在此放弃，但坚持就能看到转机。

第四阶段：知情的乐观（基于理解的信心）

穿越低谷后重拾信心，这次的乐观建立在对挑战的真实理解上。

第五阶段：成功与满足（达成目标的喜悦）

新行为成为习惯，曾经的困难变成成就的垫脚石。

如果我们在困难面前退缩，就永远不会发现自己真正感兴趣的事情。我们必须熬过绝望之谷，通过时间和努力克服挫败感，找到胜任的感觉。要克服焦虑和绝望，我们需要提高自己的能力，获得胜任感。这样，我们才能将一时的兴趣转化为长期的事业或热爱。

1.3.3　持久行动：战胜半途而废的策略

当退却的念头涌上心头，我们面临着三大挑战：不合理的目标、急于求成的心态以及完美主义的束缚。要战胜这些困难，关键在于采取以下切实可行的策略。

1. 目标平衡：定制适中挑战

在追求目标的道路上，不合理的目标设定往往是导致我们半途而废的主要原因。过高的目标会在我们心中播下挫败的种子，而过低的目标则无法激发我们的热情。

以一个新手跑者为例，若设定不切实际的配速和距离目标，不仅难以达成，反而可能导致精疲力竭。相反，对于一个钢琴高手而言，重复简单的练习很快就会变得乏味。因此，我们必须反思：我们的目标是否合理？任务的挑战性是否与我们的能力相匹配？

人们常说"有压力才有动力"，所以目标往往会定得很高。当任务定得太复杂，超出自己能力太多，就会因为不能顺利完成任务而产生焦虑情绪和无能感，削弱了内在动机，反而不能达到预期效果。想要保持充沛动力，就要避免设定的任务太简单或太困难。设定难易程度刚刚好的任务才是最理想的策略。人们在处理能力可及的任务时积极性最高。

动机不足或过分强烈，都会使工作效率下降。过小或过大的压力都会使工作效率降低，只有适度的压力才能够使业绩达到最佳水平。当一个人处于轻度兴奋时，能把工作做得最好。当一个人一点儿兴奋都没有时，也就没有做好工作的动力了；相应地，当一个人处于极度兴奋时，随之而来的压力可能会使他完不成本该完成的工作。这就是心理学中的耶基斯 – 多德森定律（Yerkes-Dodson law）。

1908 年心理学家耶基斯博士（Robert M.Yerkes）和多德森博士（John D. Dodson）经实验研究得出结果：工作压力与工作效率之间并不是线性关系，而是倒 U 形曲线关系。这一定律指出，缺乏刺激与过度刺激都无法集中注意力，只有适度的压力才能使业绩达到最佳水平，如图 1-8 所示。

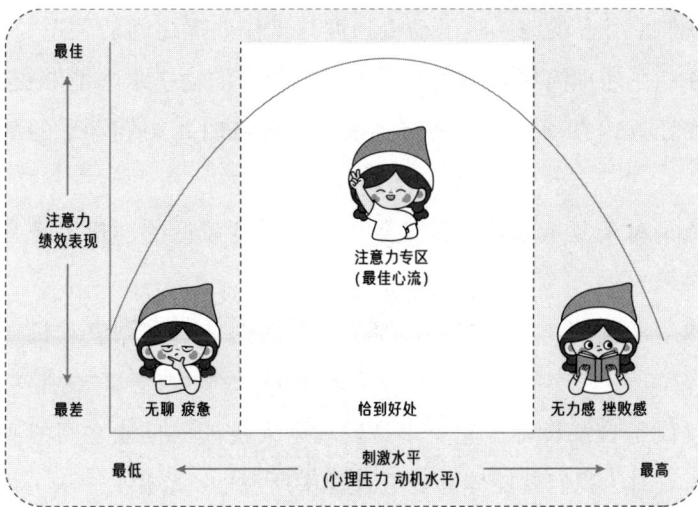

图 1-8　耶基斯 – 多德森定律：缺乏刺激与过度刺激都无法使人集中注意力

缺乏刺激与过度刺激都无法使人集中注意力。注意力随着刺激（或压力）的增强而提高，但只能达到某一最高点。过了这个峰值后，随着刺激的增强，你的绩效不仅不会提高，反而会降低。

耶基斯 – 多德森定律通过倒 U 形曲线阐释了动机与效率的关系：图 1-9 展现了简单的工作、难易适中的工作和复杂困难的工作 3 种任务下的不同表现模式。

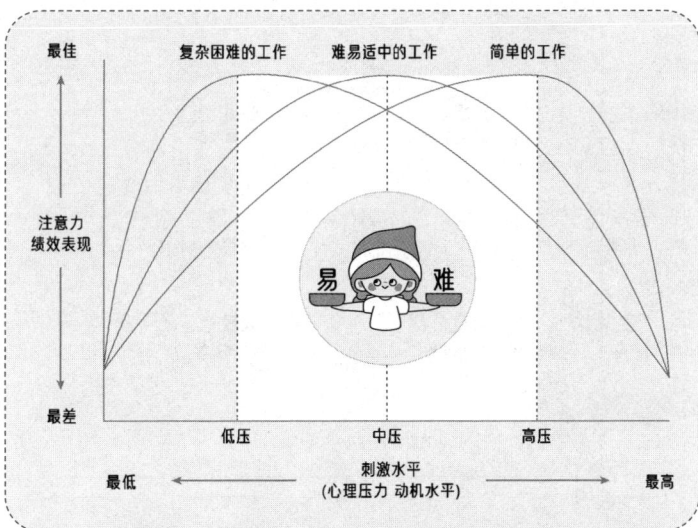

图 1-9　耶基斯 – 多德森定律：动机强度与工作效率关系曲线

图 1-9 中曲线图直观地反映了动机强度与工作效率之间的关系。

简单任务：在处理简单或熟悉的任务时，较高的动机水平能够提升工作效率。

中等难度任务：在面对具有一定挑战性的任务时，中等水平的动机能够激发最佳表现。

复杂任务：对于复杂或困难的任务，保持适度较低的动机水平有助于维持工作效率。

这一定律启示我们，在面对不同难度的任务时，合理调整动机强度是提高效率的关键。

自律不仅仅是自我设限，它更多是发现个人挑战与技能之间的协调。当我们找到这个平衡点时，我们就能体验到心理学中所说的"心流"——一种深度投入并完全沉浸在任务中的境界。

然而，在现实的工作场景中，我们并不总是能够轻易进入这种高度专注的心流状态。心流的出现依赖于挑战与技能之间的平衡。自从 1975 年米哈里·契克森米哈赖提出心流理论以来，经过多年的研究和完善，1985 年米兰大学的马塞洛·马西米尼及其团队对"挑战难度"与"技能水平"的关系进行了深入研究，最终归纳出八种不同的组合关系，如图 1-10 所示。

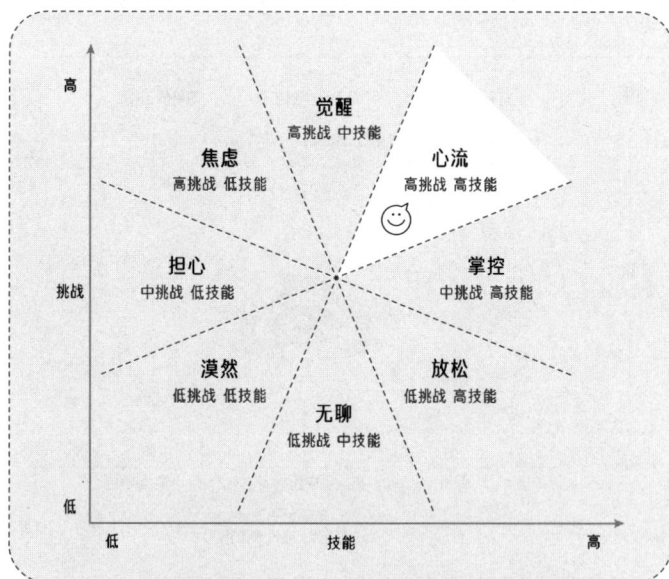

图 1-10　挑战难度与技能水平平衡，心流才能达到最佳水平

最常见的有以下三种状态：

焦虑：当我们面对的挑战超出了自己的能力时，可能会感到焦虑和不安，担心自己无法完成手头的任务（图 1-10 中的高挑战、低技能状态）。

无聊：如果任务太简单，缺乏挑战性，我们可能会感到无聊，因为这样的任务无法激发我们的兴趣和参与感（图 1-10 中的低挑战、中技能状态）。

漠然：当任务的难度和我们感知的技能水平都不高时，我们可能会感到漠然。这种状态是最不理想的，因为任务无法激发我们的潜力，所以我们的动机水平低下（图 1-10 中的低挑战、低技能状态）。

真正的心流发生在任务的挑战性与个人技能都处于较高水平时，这时我们的积极性被激发，注意力被吸引，从而产生心流体验。

心理学家的研究表明，任务难度比当前能力高出大约 4% 的水平是理想的。虽然现实生活中难以精确量化，但这种核心理念是清晰的：做力所能及、难易适中的事是保持较高激励水平的关键。

因此，当我们在追求目标时感到厌倦或精疲力竭，应重新评估我们的目标设定。找到难易适中的任务，是进入心流状态的起点，也是维持长期动力的关键。

2. 享受过程：不要只关注结果

在追求目标的旅程中，我们常因急于求成的心态而感到挫败。习惯的养成并非一蹴而就，它需要时间的沉淀和耐心的培养。正如竹子在生长的头五年几乎不可见，却在之后六周内迅速向上猛蹿，它之前一直在地下建立着四处蔓延的根系。

在习惯形成的早期和中期，我们往往处于一个看似没有进展的低谷区。期望与现实之间的差距，让我们感到沮丧，因为我们渴望立竿见影的效果，而实际上真正的变化需要时间来孕育。

要实现有意义的改变，我们需要坚持足够长的时间，直到突破那个并不明显的变化平台期。我们可能期望每天都能看到进步，但真正的成果往往是滞后的，可能需要数月甚至数年才能显现。

这个过程中，我们的情绪可能会受到影响，导致失望和焦虑。然而，潜能蓄积期的努力并非徒劳，它只是在等待一个爆发点。直到很久以后，之前所有努力的价值才会完全显现。

如果你在培养好习惯或改掉坏习惯的过程中感到艰难，这并不意味着你失去了自我提高的能力，而是因为你还在潜能蓄积期中。

当你最终突破这个阶段，外界可能会惊讶于你一夜之间的成功。但他们没有看到，正是你之前那些看似徒劳的努力才铸就了今天的成就。

为了避免焦虑和心态失衡，我们需要重新评估时间，将注意力从长远的目标转移到眼下的任务。有时候，我们可能会在坚持中失去乐趣，忘记了过程中的成就感和愉悦感。当我们无法投入状态，意志力就会迅速耗尽。

因此，我们应该以过程为导向，享受行动过程中的每一步，而不是只关注未知的结果。这样，我们不仅能够维持活力，还能在享受中实现自我提升。

3. 情绪接纳：超越完美主义

完美主义不仅会导致拖延，也可能会导致半途而废。

当完美主义者开始任务后，如果发现实际情况与他们的高标准有差距或者在过程中遇到了困难，他们可能会感到沮丧和挫败，认为无法达到完美的结果。这种挫败感可能会导致他们放弃任务，因为他们认为只有完美的结果才是值得追求的，而任何不完美的结果都是不可接受的。

在追求目标的过程中，许多人信奉"要么不做，要做就做到最好"的原则。然而，当结果不尽如人意时，他们便认为自己走错了路，这种看法实际上忽略了过程的价值。面对绝望和焦虑，我们应该首先肯定负面情绪背后的正面意义。相较于那些只停留在幻想阶段的人，那些即使半途而废也付出了行动的人，实际上已经迈出了重要的一步。

完美主义者，有时也被称为梦想家。他们对细节的关注无可挑剔，但对完美的过分追求往往导致他们因恐惧而无法迈出行动的步伐。许多创作者都有这样的经历：反复修改同一个作品，迟迟不敢发布，生怕不够完美而遭到批评。这种对完美的执着，虽然体现了高标准，却往往让优秀的作品永远停留在草稿阶段。

为了避免在低谷时期轻易放弃，我们需要审视并调整自己的目标，不要急于看到结果。同时，要学会接受并利用负面情绪，将其转化为前进的动力。通过不断学习新知识和提升自我，我们可以增强内在的力量，从而在面对挑战时更加坚韧不拔。

成功的道路很少是一帆风顺的，它们往往充满了挑战和障碍。

以《哈利·波特》系列为例，这部书最终赢得了全球 4 亿名读者的心，但 J. K. 罗琳的创作之旅非常坎坷。在她毕业的第七年，罗琳面对着婚姻的失败、职业的空白以及独自抚养孩子的压力。即便如此，她依旧带着《哈利·波特与魔法石》的初稿，从葡萄牙回到英国，开始了她的写作之旅。在一次采访中，J. K. 罗琳回忆道："作为单亲妈妈，白天打工，晚上还要照顾孩子，我很难找到时间写作。"尽管如此，她没有放弃。面对多家出版社的拒绝，她选择了坚持。经过两年的不懈努力，她终于获得了伦敦一家出版社的 1500 英镑稿费。又经过两年的打磨，1997 年，《哈利·波特与魔法石》首印 1000 本，开启了一扇通往魔法世界的大门。

J. K. 罗琳的经历向我们展示了一个深刻的道理：持之以恒和不懈努力是通往成功的必经之路。坚持初心，面对挑战不退缩，我们才能在逆境中找到前行的力量，最终收获梦想的果实。

1.4 第一步的力量：终结等待，开始你的行动

在梦想的旅途上，比起半途而废，更令人唏嘘的是从未启程。对未知的恐惧如同一道无形的墙，将我们囚禁在舒适区的温床之上。夜深人静时，心中或许会燃起一丝反抗平淡的火花，想要改变，但清晨的现实却如同马云所言："晚上想想千条路，早上起来走原路。"

1.4.1 被未知束缚的脚步

孔子曾告诫弟子冉求："力不足者，中道而废，今汝画。"意在指明，真正的放弃发生在征途之中，而非起点之前。我们中的许多人，虽已在心中为自己做好规划，却未曾尝试，便已认输。

《肖申克的救赎》中的老布，经历 55 年的监狱生活后被释放，却无法适应外界的巨变。他的恐慌和不适应，最终导致了悲惨的结局。他在信中透露出的，是对快速变化世界的不解和恐惧以及对过去安全感的怀念。

我们每个人都可能在不知不觉中被"制度化"，习惯了一种生活便害怕改变。但真正的自由，来自内心的觉醒以及勇敢迈出改变的第一步。

现在，是时候终结那些停留在想象中的梦想。不要害怕未知和失败，因为只有行动，才能带来真正的改变。勇敢地跨出你的第一步，让梦想不再是夜晚的幻想，而是清晨的现实。

1.4.2　从怀疑到行动：自我效能感的内在力量

许多人因为看见结果才相信，而少数人因为相信而看见。我们倾向于信任那些已经成功的例子，却对未知的领域抱有怀疑的态度。这种消极情绪削弱了我们的内在驱动力，而积极的自我效能感——相信自己能够成功，则是推动我们前进的强大力量。

自我效能感，是由美国著名心理学家班杜拉所提出的概念，它是一种基于自身能力的自信，一种对自己能否完成某项工作的预判。这种自信，不是简单的自我激励，也不是自欺欺人，而是一种源自内心的、真实的、坚定的信念。

自我效能信念并非一成不变的整体信念，而是针对特定任务的特定信念。比如，在乒乓球比赛中，你可能对自己的能力充满信心，但在数学考试面前，这种信心可能就会大打折扣。

因此，我们的能力水平不仅取决于我们掌握的技能，还取决于我们在关键时刻能否运用这些技能。换句话说，我们对自己能否成功运用这些技能的信心与我们实际的技能水平同样重要。"你相信自己能够做到。"这种信念的力量，将成为你行动的最强大驱动力。

相反，当我们陷入"我觉得我不行"的消极思维时，我们可能会选择不做任何尝试，陷入所谓的"习得性无助"。这一概念源自马丁·塞利格曼的电击狗实验，展示了当动物或人在反复遭遇无法控制的失败后，会放弃努力，甚至在可控制的情况下也不会尝试改变。

习得性无助不在于失败的次数，而在于失控的感觉。当人们感觉开始失去控制时可能会反抗，但多次无效后，可能会变得无助。这种无助感是一种适应，一种对无力改变环境的屈服。然而，总有一部分人能够从打击中复原，他们不会变得无助，而是选择从头来过。

当我们面临挑战，感到自己"不行"时，我们需要停下来，观察自己是否陷入了习得性无助的陷阱。意识到这一点，我们便可以尝试打破这一循环，重拾自我效能感，勇敢地迈出改变的第一步。

1.4.3　摆脱"从未开始"的困境

打破行动的僵局，关键在于增强自我效能感和胜任感，这需要我们改变思维模式，积累小胜并与正能量为伍。

1. 打破自我设限：重塑归因模式

（1）自我审视：深入观察，识别那些可能阻碍我们前进的内在化、普遍化、永恒化的归因模式。勇敢地将它们一一列出，并逐一进行理性的反驳。

（2）挑战自我判决：我们是否曾错误地为自己设定了失败的前提？是否曾将暂时的挫折夸大为永恒的困境？是时候转变我们的思维，将问题归因于那些真正可以掌控和改变的内部因素。

（3）重塑归因，激活潜能：我们对待困难的态度和评价，将直接影响我们的行为和最终成果。正确的归因方式是自我效能感形成的基石。不要让外部因素成为限制，而应将成功归因于我们自身的能力和努力。

（4）效能感的增强：当我们将成功视为内在能力和坚持不懈的结果时，我们的自我效能感便得到了增强。这种内在的动力，将激励我们持续进步，克服每一个挑战。

2. 自我超越：情绪与生理状态的挑战

情绪和生理状态对我们的自我效能感有着深刻影响。当身体感到疲劳、疼痛，或者当我们经历激烈的情绪波动时，这些感受会干扰我们对自己能力的准确判断，从而影响我们的行为表现，削弱我们的自我效能感。然而，关键在于意识到自我超越并非一成不变，而是一个可以通过不断学习、努力成长和提升的过程。

我们的能力并非固定不变。每一次学习和成长的经历，都是对自我效能感的投资，能让我们在未来的挑战中更加自信和有力量。拥抱成长型思维，相信自己的能力和知识是可以通过持续的努力来提升的。这种积极的心态，是实现自我超越和增强自我效能感的关键。

3. 掌控感的积累：小步伐成就大成功

在追求卓越的道路上，我们往往被远大的理想所吸引，却忽视了脚下的一小步。真正的进步不在于瞬间的飞跃，而在于持续地小步前行。认清自己的现状，不急于求成，而是根据实际情况制订切实可行的计划。专注于那些能够带来即时反馈的小任务，对于无法控制的变数，应学会适时放手。

每一次小的进步都是自我激励的源泉。我们应辩证地看待挫折，不让其成为阻碍，而是将其视为成长的垫脚石，避免陷入习得性无助的陷阱。请记住，这种无助并非不可逆转，它是大脑为了适应绝望环境所做的妥协。

成功的经历是自我效能感的强心剂。亲身经历的成败，尤其是成功，极大地塑造了我们对自己能力的信心。每一次成功的体验，无论大小，都是对自我能力的肯定。而失败，虽然会暂时降低自信，但也是通往成功的必经之路。通过完成简单的任务，我们可以逐步积累成功的经验，从而构建起坚不可摧的自我效能感堡垒。

4. 汲取信心：激发自我效能的社交力量

在他人的成功故事中，我们找到了信心的源泉。当我们目睹那些与自身起点相似的人取得成就时，一种"他们行，我也行"的信念便油然而生。这种信念是自我效能感的催化剂，它激发我们去模仿、去学习、去超越。

与此同时，正能量的人际网络是一股不可忽视的力量。身边人的鼓励、真诚的评价、建设性的建议以及及时的劝告，都是我们克服困难、增强自我效能的重要支持。当他们相信我们的能力时，我们的内在动力也会随之增强。

与积极向上的人为伍，他们的成功经验不仅为我们提供了学习的榜样，也让我们在挑战面前更加自信。他们的积极态度和行动力就像是我们成长道路上的灯塔，指引方向，照亮前程。

5. 环境的力量：营造成功的空间

环境对我们的心理状态有着深远的影响。一个熟悉的环境如同一个温暖的拥抱，让我们感到舒适和安全，从而更容易适应和掌控。它为我们的自我效能感提供了坚实的基础，让我们在面对挑战时更加自信。

相反，在陌生或充满焦虑的情境中，我们可能会感到不知所措，自我效能感也随之下降。在这样的时刻，我们更需要创造一个有利于自己发展的环境，一个能够激发我们内在潜力并且提升我们自我效能感的空间。

通过精心设计我们的生活和工作环境，不仅能够提升自我效能感，还能够激发创造力和提升效率。那些能够让我们感到放松和专注的环境，无论是安静的咖啡馆，还是充满绿植的家，都是我们成功路上的助力。

1.4.4　破圈：实现向上的螺旋成长

人生就是一场不断突破自我界限的旅程。破圈意味着勇敢地超越我们的认知限制，拒绝墨守成规和自我设限。生命的本质就是不断打破旧框架，每个成长阶段都会遇到不同的障碍。面对并克服这些障碍，我们便实现了破圈，而每一次破圈都伴随着成长。

心理状态的演变过程，体现了从直觉的感性到分析的理性，最终达到平衡的中庸之道。当我们的认知局限被逐渐突破，我们的一生就成了一个不断自我提升和积累经验的过程，如图 1-11 所示。

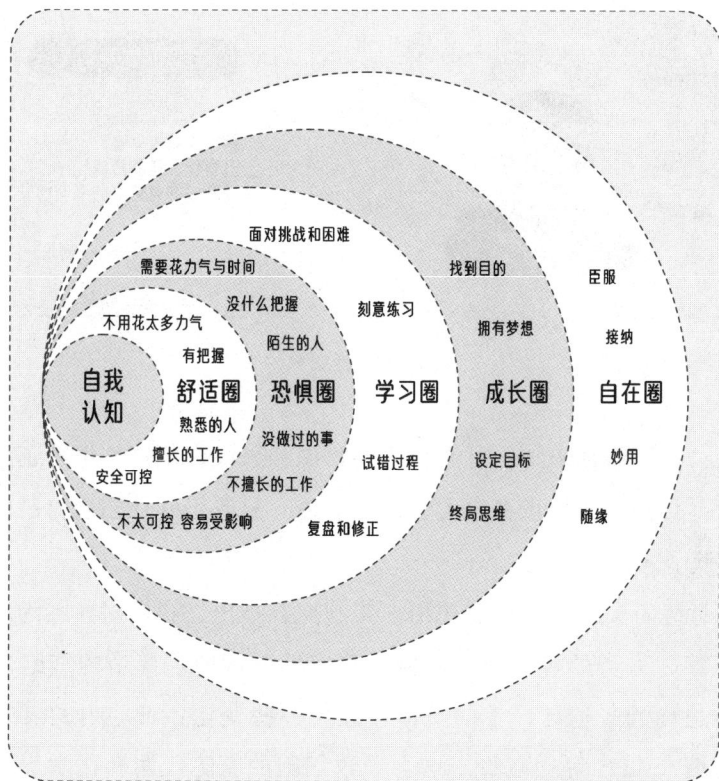

图 1-11　成长破圈模型

（1）舒适圈：我们从安逸的舒适区启程，迈向成长。

（2）恐惧圈：我们直面并克服内心的恐惧，拓宽自己的视野。

（3）学习圈：我们积极学习新知，不断拓展自己的能力边界。

（4）成长圈：我们通过实践和经验，构筑起坚实的成长基础。

（5）自在圈：经历挑战后，我们达到内心的平和与自在。

每一次破圈都是一次成长，我们从熟悉的舒适圈出发，向外扩张，不断挑战自我。

1. 跳出舒适圈，成为另一个"物种"

舒适圈是成长的起点，如图 1-12 所示，那里有我们擅长的事务，熟悉的人际关系，安全且可控。

图 1-12　舒适圈

在这里，我们面临未知，可能会感到焦虑和恐惧，但这些情绪正是成长的信号，它们告诉我们，我们正在向上、正在前进。只有不断地拓展自己的舒适圈，才能精进自我。

在《刻意练习》一书中，安德斯·艾利克森指出，我们对熟悉的环境和习惯有着一种依赖，人类的身体有一种偏爱稳定性的倾向。单个的细胞也喜欢稳定性。当你被迫离开舒适区，你的身体会经历一些变化：细胞内的氧气和能量物质，如葡萄糖、ATP 等会减少。这会导致细胞的新陈代谢和化学反应与平时不同，产生不同的生化产物。为了适应这种变化，细胞会激活一些平时不活跃的基因。这些基因会调整细胞内的生化系统，改变细胞的行为，帮助细胞适应新的环境。

面对挑战时，大脑会有明显的变化。学习新技能时，大脑结构的调整能显著提高学习效果。但是，如果压力过大，可能会导致疲劳和效率降低。大脑和身体一样，对适度的挑战反应最好，这种挑战通常发生在舒适区的边缘，也被称为"最佳挑战区"。

当我们看到别人跑马拉松或专注写作时，可能会认为他们在忍受痛苦，但对他们来说，感受可能并非如此。有时，我们认为他们在努力，实际上他们可能并不觉得累，反而很享受这个过程。

他们之所以能这样，是因为他们已经通过长时间的刻意练习，不断进步，达到了一个新的水平。李笑来在《通往财富自由之路》中提到的另一个"物种"，就是一个很好的比喻。通过利用大脑和身体的适应能力，我们可以发展和提升新技能，改变大脑结构，逐渐扩展自己的舒适区。通过这种方式，我们可以不断升级自己，成为另一个"物种"。

2. 面对恐惧圈，克服恐惧

恐惧圈标志着我们面临未知、不确定和未曾涉足的领域，这些领域要求我们投入大量的时间和精力，且结果往往不可预测。如图 1-13 所示，在这一阶段，我们遭遇不熟悉的挑战和不确定的成果，这就需要我们付出额外的精力去适应和克服。

压力太大了
努力真的有用吗
我怎么连这点事都解决不了
我什么都不会
是不是方法不对
是不是自己的选择错了
我为什么没有自律
该不该走这条路呢
这样下去自己什么都不是
担心自己一无所成

2.恐惧圈

恐惧圈要思考的

不可控的环节有哪些？
哪些陌生人可变成利益相关者？
需要攻克的陌生领域有哪些？

图 1-13　恐惧圈

恐惧圈是成长过程中最难突破的障碍之一。在这里，内心的不确定感可能会引发许多自我怀疑的声音。此时，坚定的信念显得尤为重要。我们必须坚信自己有能力完成任务并相信之前的努力不会付诸东流。这种信念是推动我们从恐惧圈走向学习圈的关键动力。

当我们勇敢地跨入一个全新的领域，我们不可避免地会遇到超出当前能力范畴的挑战。从这种舒适圈跳出，往往会带来心理上的剧烈不适，我们需要面对并战胜内心的恐惧以及随之产生的焦虑。要应对这些挑战，我们必须坚定地进入下一阶段：学习圈。

3. 进入学习圈，刻意练习

如图 1-14 所示，学习圈是舒适圈的扩展，它包含那些具有适度挑战性的任务，既不会过于简单，也不会难以克服。在这个区域，我们专注于自我提升，将注意力集中在自己的能力和成长上。

图 1-14　学习圈

我们通过刻意练习、及时反馈和持续复盘来实现进步。同时，合理规划时间，将大目标分解为小而具体的计划，确保每一步都是可实现的挑战，既不会让我们感到焦虑，也不会让我们陷入舒适区的自满。

在学习圈中，我们不断尝试，直面问题并从错误中学习。我们寻找那些"踮脚可达"的挑战，即那些稍微超出当前能力范围，但通过努力可以达成的任务。这样的挑战促使我们不断拓展知识和技能的边界，通过快速学习和深入反思来适应新的挑战。

最终，通过正确的方法和刻意练习，我们逐步突破自己的能力边界，从学习圈过渡到成长圈，实现个人的成长和能力的提升。

4. 突破成长圈，以终为始

在成长圈，我们的目标变得明确，如图 1-15 所示。我们实践以终为始的策略，优先处理关键任务，有效调配资源并通过合作实现共赢，推动自己向成功迈进。每一步都标志着向上的进展，每一次努力都让我们更接近目标。

图 1-15　成长圈

人们常高估短期内的变化，却低估长期的变化。这种认知偏差让我们陷入日常琐事，难以自拔。在这里，终局思维成为我们成长的指南针。

将思维投射到未来，设想自己 20 年后的理想状态，这有助于我们减少当前的纠结和迷茫。用未来的自己来指导现在的决策，拥抱成长型思维，积极学习，这样的选择总是明智的。

5. 进入自在圈，安在当下

最终，我们到达自在圈，如图 1-16 所示。在这里，我们回归自我，随遇而安，接受每一个当下。

前四个圈层的历练，让我们在这个圈层中能够更加从容，更加自在，我们不再为小事焦虑，而是懂得了更新迭代，挖掘新的增长点。

每一步成长都是自我突破的证明，每一次扩张都是向上螺旋的一环。只有不断突破，才能不断成长。现在，就是你迈出下一步的最好时机。

图 1-16　自在圈

1.4.5　打破思想牢笼，开创新篇章

2019 年，樊登带着他的"低风险创业"主题讲座来到唐山，分享了一段鼓舞人心的创业之旅。在"樊登读书会"成立之前，他也曾面临自我设限的挑战。在早期的职业生涯中，樊登老师专注于撰写讲书稿。当朋友邀请他出游时，他却因担心损失一天的收入而犹豫不决，这使他陷入了时间管理的困境。然而，他并没有让这个困境限制自己的未来。通过一个创新的想法，他打破了常规：将读书 PPT 转化为微信群会员可分享的资源，实现了作品的可复制性，从而走出了思想的牢笼，破解了时间的枷锁。

可能我们每个人都无意中给自己设定了界限。然而，借助创新的思维和勇敢的行动，我们能够超越这些限制，开启新的可能性。只有持续地探索和勇敢地实践，我们才能找到解锁潜能的钥匙。

1.5　别让外在左右你：找回自主的力量

我们大多数人都有把事情留到最后一刻的倾向。但这种倾向有时也提供了一个小小的"福利"：让我们可以把不佳的表现归咎于时间管理，而非自己的能力。这种现象在心理学上称为"自我设限"。自我设限可能会让我们对自己的能力过于谦虚，就像考试得了60分，我们可能会对自己说："其实我挺聪明的，只是没安排好复习时间。"

2012 年的一个研究发现，通过给予积极的示范句子，比如"仔细思考问题，考试就能取得更好的成绩"，可以帮助那些倾向于自我设限的高中生延长他们的复习时间。这表明，当我们用积极的话语来提醒自己时，可以有效地减少自我设限，从而减少拖延。

了解到自我设限如何影响我们的行为和成就后，关键在于采取行动，转变我们的心态。这不仅仅是克服拖延，更是培养一种积极的思维模式，这种模式能够激励我们不断前进，即使在面对挑战和失败时也不会气馁。

1.5.1　积极思维：用成长型思维看待失败

拖延往往源自一种限制性思维，即将自我价值等同于能力和表现。然而，真正的价值不在于成果，而在于我们的成长和学习。要战胜拖延，关键在于转变我们的思维模式，尤其是我们的自我对话方式。我们需要改变消极的语言习惯，如将"我不会做"转变为"我还没有熟练掌握方法"，这样的积极思维有助于我们从固定型思维转变为成长型思维。

心理学家卡罗尔·德韦克区分了固定型思维和成长型思维模式（见图 1-17）。

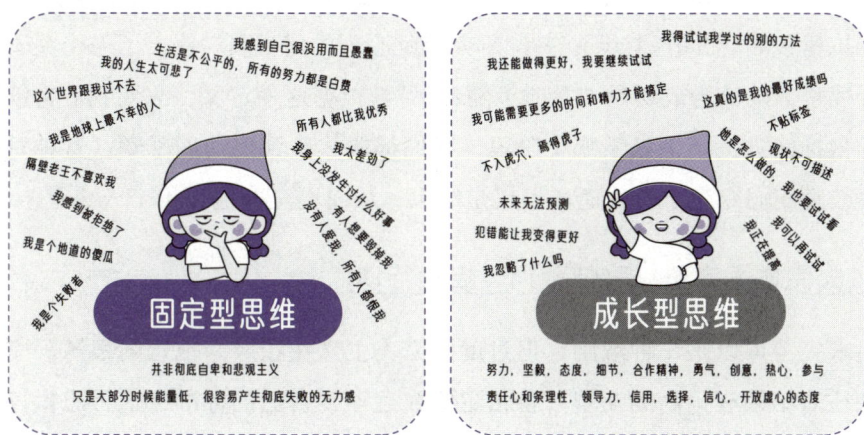

图 1-17　固定型思维和成长型思维

固定型思维以结果为导向，认为能力是固定的，而成长型思维则看重过程，相信能力可以通过努力提升。这两种思维模式不是非此即彼，而是我们内在的两种倾向，我们完全有能力改变思维模式。改变思维模式意味着改变我们的意志和信念，这也为我们打开了新世界的大门。

在固定型思维中，成功是为了证明自己的价值；而在成长型思维中，成功是自我的提升和学习。

成长型思维鼓励我们冒险，认为"不入虎穴，焉得虎子"，而固定型思维则倾向于避免风险和努力，担心会暴露自己的不足。

固定型思维的人可能不会从失败中学习，而是试图修复自尊，这可能导致他们避免挑战，选择自己擅长的事情去做。相反，成长型思维的人相信努力和尝试，不给自己设限，愿意探索新的可能性。最终，成长型思维的人更愿意接受挑战，不因恐惧失败而限制自己。他们相信通过不断地学习和努力，每个人都有成长的潜力，而这种信念是克服拖延、实现自我提升的关键。

1.5.2　成功定义：个性化你的成功标准

成功是一个个人化的概念，每个人对其都有不同的理解。对某些人来说，成功可能意味着社会地位的提升、经济收入的稳定或个人影响力的扩大。而对另一些人来说，成功则体现在人际关系的丰富上，如拥有亲密友好的关系或幸福的家庭生活。无论形式如何，成功总能给人带来满足感。

克拉里·雷（Clarry Lay），一位研究拖延心理的研究员，提出了一个关于成功的独特视角，她认为成功是"及时追随目标"。根据这一定义，只要我们持续地向自己的目标前进，不论处于哪个阶段，我们都能体验到成功的感觉。这种对成功的理解鼓励我们专注于过程而非仅仅是结果，从而更全面地评价个人成就。

1.5.3　先完成再完美：降低预期，启动行动

追求完美可以是一种激励，但过度的完美主义往往成为拖延的根源。完美主义者往往对结果有很高的期望，害怕犯错或达不到自己的标准，这种恐惧可能导致他们推迟开始任务，因为他们担心自己的表现不完美。他们也可能陷入无休止的规划和准备中，总觉得还没有准备好，从而导致拖延。要克服拖延，关键在于放下对完美的追求，而不是单纯地改变拖延行为本身。

企业文化中，Facebook通过海报传达了其核心价值观："机遇青睐敢于冒险的人"和"完成胜过完美"。这些口号鼓励员工接受不完美，勇于迈出第一步，从而抓住机遇。

对于拖延者来说，从追求完美到接受不完美的转变，意味着从"做一个完美的东西"到"做一个最烂的东西"的思维改变。这不是鼓励低质量的工作，而是减少心理负担，允许自己开始并逐步改进。

通过降低对结果的预期，我们能够减少内心的压力，更容易启动任务并向前推进。最终，这不仅能够帮助我们克服拖延，还能够让我们在实践中学习和成长。

1.5.4　自由选择：增强内在动机，提升自主性

我们天生爱追求快乐，逃避痛苦。这就是为什么我们在刷视频、打游戏时毫不犹豫，却在面对工作或任务时一拖再拖。心理学家 Timothy Pychyl 的研究表明，拖延并非因为任务的难度，而是我们对不愉快感觉的本能回避。

我们的大脑渴望奖赏——多巴胺的释放让我们感到满足。但当任务缺乏即时的奖赏时，我们的动力也随之消失。这种逃避虽带来短暂的放松，却也埋下了长期焦虑和负罪感的种子。

要打破拖延的循环，我们需要重新定义"必须"。自我决定理论告诉我们，自主性、胜任感和归属感是推动我们行动的三大核心需求。当我们感到自己的行为是自己选择的结果时，我们的内在动机便会被激发。

自主性是关键。它意味着我们是自己命运的主宰，而非外部压力的奴隶。即使在面对社会和环境的压力时，我们也能找到自主动机的空间。

有时，我们所谓的自主可能只是另一种形式的被控制。我们接受了他人的期望，却丢失了自己的声音。我们常误以为自己是环境和他人期望的受害者，但实际上，放弃也是一种选择。我们往往选择顺从，接受他人价值观的牵引，而非追随自己的内心，这不是真正的自主。

取回自主权，我们需要勇敢地拒绝那些不符合我们价值观的"必须"。将"这是我必须做的事"转变为"这是我选择做的事"。这种语言上的转变，能够激活我们的内在动力，让我们的行动更加自觉和愉快。

最终，真正的自主来自我们对行动的完全认同和投入。它不是别人的期望，而是我们内心真实的愿望。当我们追随自己的兴趣和激情时，工作便不再是负担，而是实现自我价值的途径。

1.5.5　情绪自主：探索内在世界的 ABC

情绪，是我们行动的引擎。它既可以是推动力，也可以是阻碍。学会管理情绪，就是掌握了改变生活的钥匙。情绪管理能力并非与生俱来，它需要我们有意识地培养和练习。

我们的情绪反应并非直接由事件触发，而是由我们的信念所塑造。美国心理学家埃利斯的情绪 ABC 理论提醒我们，要改变情绪反应，关键在于识别和调整那些限制我们的信念。

如图 1-18 所示，情绪与行为的后果（C）并不是由诱发事件（A）直接引起的，而是由我们对事件的信念系统（B）所决定的。

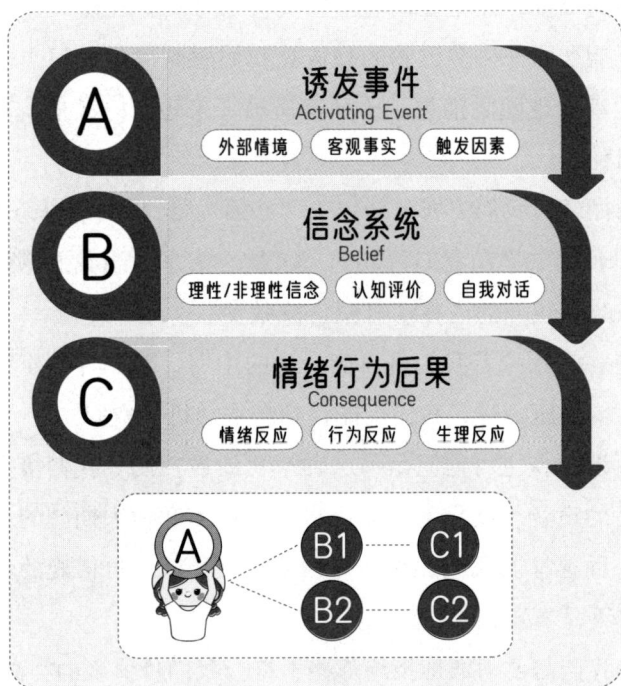

图 1-18　情绪 ABC 理论

要打破情绪的枷锁，我们需要从信念系统（B）入手。每一次消极的自我对话、每一个无意识的认知评价，甚至理性或非理性的信念，都可能成为阻碍我们前进的障碍。通过挑战和重塑这些信念，我们可以改变自己的情绪行为后果（C），进而调整行动。当你感到愤怒或恐惧时，不必压抑这些情绪，也无需被它们击垮。相反，可以把这些情绪作为探索和成长的契机。通过情绪 ABC 理论，我们能够学会将负面情绪转化为积极行动。

最终，我们的目标是实现自我，成为真正的自己。这需要我们不断地自我探索，将内在的无意识动力带入意识之中。通过自我觉察和人格整合，我们可以让自己变得更加真实，保持内心深处的和谐。

能量补给站

稻盛和夫. 活法[M]. 北京：东方出版社，2012.

古典. 拆掉思维里的墙[M]. 北京：中信出版社，2021.

简·博克，莱诺拉·袁. 拖延心理学[M]. 杭州：浙江教育出版社，2021.

威廉·克瑙斯. 终结拖延症[M]. 北京：机械工业出版社，2015.

谢丽尔·桑德伯格. 向前一步[M]. 北京：中信出版社，2014.

皮尔斯·斯蒂尔. 战拖行动[M]. 北京：北京联合出版公司，2019.

阿尔伯特·埃利斯. 理性情绪[M]. 北京：机械工业出版社，2014.

李笑来. 把时间当作朋友（第 3 版）[M]. 北京：电子工业出版社，2013.

布莱恩·P. 莫兰，迈克·莱宁顿. 超高效时间管理：用 12 周完成 12 月的工作[M]. 北京：
　　清华大学出版社，2019.

米哈里·契克森米哈赖. 心流：最优体验心理学[M]. 北京：中信出版社，2017.

詹姆斯·克利尔. 掌控习惯：如何养成好习惯并戒除坏习惯[M]. 北京：北京联合出版公司，
　　2023.

马丁·塞利格曼. 习得性无助[M]. 北京：中国人民大学出版社，2020.

安德斯·艾利克森，罗伯特·普尔. 刻意练习：如何从新手到大师[M]. 北京：机械工业出
　　版社，2016.

卡罗尔·德韦克. 终身成长[M]. 南昌：江西人民出版社，2017.

中 篇

打造你的改变蓝图

HOW

（如何改变）

第2章

定位自我——
你的故事从这里开始

2.1 从知到行的跨越：为何道理都懂，生活却依旧？

2.1.1 知而不行的困境：认知与行动之间的鸿沟

尽管我们对"早睡早起身体好"等生活常识有着普遍的认知，但这种理解往往只停留在表面，并未转化为实际行动。我们理性上明白健康生活的重要性，但在实际生活中却常常难以遵循，这背后可能隐藏着习惯、情绪、环境和压力等多重因素的影响。

这种"知而不行"的现象，正是我们需要深入探讨的核心问题。

在我的职业生涯的早期阶段，我有幸与一位热情且勤学好问的实习生小朱合作。她不仅对设计理论有深入的了解，还精通 Photoshop 等设计软件，经常在我制作图像时提供提升效率的建议。但是，当她首次独立承担设计任务时，她发现自己难以将脑中的创意转化为实际的设计作品。起初，我对此感到困惑，但很快我意识到了问题的核心：她缺乏实践经验，不知道如何开始行动，这限制了她的创造力，就像一个掌握了武术技巧的人在武术表演时非常出色，但在实际的格斗中却不能见招拆招，难以随机应变。

仅仅掌握工具的使用是不够的，关键在于学会如何将知识应用于解决实际问题。内在驱动的复杂性、情绪和环境的影响、意志力的不稳定性以及梦想与现实之间的鸿沟，都是我们难以将知识转化为行动的原因。

别被"知识就是力量"这句话误导了，知识只是潜在的力量。知识本身并不直接改变现实，只有被有序地组织，并在行动计划指导下转化为具体行动时，其真正的影响力才能得以体现。正如希尔所说，通识和专业知识大相径庭。专注于那些能帮你实现目标的专业知识，你的思绪将变得清晰，你的行动将变得有力。

真正的理解往往来源于将知识应用于实际的过程中，通过行动深化认知，才能在实践中不断学习和成长。要缩小认知与行动之间的差距，关键在于将理解的原则转化为具体实践，并根据个人实际情况灵活运用，以促进生活质量的实质提升。

习惯决定命运：探索潜意识的力量

"思想引导行动，行动形成习惯，习惯塑造性格，而性格决定命运。"这段话揭示了从思想到命运的完整链条。

那么，如何让这些行动真正演变成习惯呢？每一次的决定、每一次的行动，都在绘制新的轨迹。随着时间的推移，这些轨迹会逐渐固化，成为自动化的行为模式。

培根和威廉·詹姆斯都曾指出，思想是一切行为的起点。它不仅决定了我们的行为，更深远地影响着我们的习惯、性格乃至命运。这就像是种下一颗种子，随着时间的灌溉，它将生根发芽，最终长成参天大树。

然而，我们明明知道培养习惯的重要性，为什么依然难以改变？原因在于知识和行动是大脑中的两套独立系统。知道该做什么，并不等于能够做到。

要理解这个鸿沟，我们需要了解大脑的运作机制。我们的大脑是一个由数十亿个神经元构成的复杂网络，当我们重复某一行为时，特定的神经区域会被激活，包括基底神经节、中脑和前额皮层等与自我控制、计划制订相关的区域。正是通过重复练习，通过一次又一次的强化，我们才能在知与行之间搭建起稳固的神经通路。

在习惯养成初期，大脑的联想回路最为活跃，需要有意识地控制每一个动作。但随着行为的不断重复，激活模式会发生转变：感觉运动回路的神经激活会增强，逐渐形成了一个高效的感觉运动网络。这就像是大脑中的"高速公路"，让我们的行为变得更加自然和流畅。

因此，真正的改变始于行动，成于坚持。通过反复练习，我们可以重塑大脑的神经通路，让知识转化为本能。这样，我们不仅能塑造习惯，更能掌握自己的命运。

2.1.2　协调三重大脑：解析知而不行的心理谜题

知道并不等于做到。很多时候，我们对很多事情"知而不行"，实际上这反映出我们对这些知识的掌握还不够深刻，还没有内化为自己的行动力。

王阳明说："未有知而不行者，知而不行，只是未知。"这句话深刻揭示了知识与行动的内在联系。许多初出茅庐的年轻人在校园中积累了丰富的理论知识，但当他们步入职场，常会发现理论与实际工作之间的鸿沟。这种现象部分解释了为何企业更青睐那些拥有实战经验的员工。

美国神经科学家保罗·D. 麦克莱恩（Paul D. MacLean）在 20 世纪中叶提出的"三重大脑"（Triune Brain）理论，将人类大脑分为三个主要部分（见图 2-1），这些部分按照进化的顺序排列，各自承担着不同的功能。

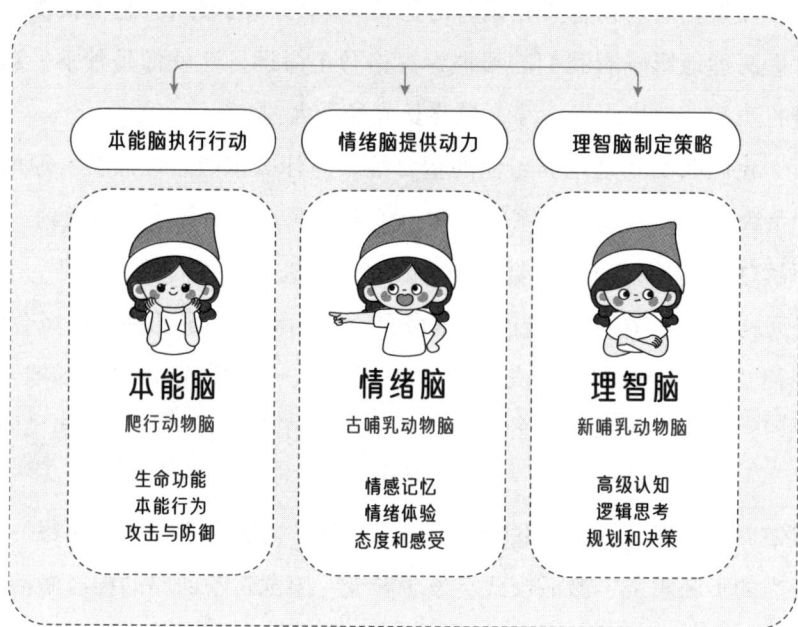

图 2-1　协调三重大脑

本能脑：又称爬行动物脑，是最古老的大脑部分，包括脑干等结构。主要负责生命的基本功能（如呼吸、心跳、体温调节）和本能行为（如攻击、防御、生存本能），以及习惯行为和自动化的身体反应。

情绪脑：又称古哺乳动物脑，包括海马体、杏仁核、下丘脑等结构，负责情感体验、情绪记忆和社会行为，影响我们对事物的态度和感受，为我们的行动提供情绪动力。

理智脑：又称新哺乳动物脑，是大脑的最新部分，在人类中占据了大脑的大部分体积，负责高级认知功能，如逻辑思考、规划、决策和自我意识等，帮助我们设定目标、分析情况并制定策略。

在追求个人目标和梦想的道路上，我们常常会遇到内心的冲突。这种困境通常源于这三个大脑之间的不和谐。它们必须协同工作，才能使我们的行为更加高效和有意义。

理智脑制定策略，情绪脑提供动力，本能脑执行行动。当理智脑的目标与本能脑的习惯相协调时，我们的行为就会变得更加自然。而情绪脑则通过积极的情绪体验来增强我们的动力，使我们对目标保持热情。

以健身为例：一个人想要养成定期锻炼的习惯。理智脑会制订一个合理的健身计划，情绪脑会在每次锻炼后通过内啡肽的释放感受到满足和快乐，而本能脑则会逐渐将锻炼变成一种习惯，这样健身就不再是一个需要每天刻意去坚持的任务，而成了生活的一部分，就像吃饭和睡觉一样自然。

再比如，一个热爱音乐的人在练习乐器时，不仅关注技巧的提升，也享受音乐带来的快乐和满足感，这种愉悦的情绪体验会让他更加投入和持久地练习。

要解决知而不行的问题，关键在于学会协调这三个大脑的功能。具体而言：让理智脑设定清晰可行的目标和计划；让情绪脑通过创造积极体验来保持动力和兴趣；让本能脑通过重复练习形成自动化的习惯。这要求我们深入理解自己的内在动机，识别并调整那些妨碍我们行动的情绪和信念，制订与我们长期目标一致的行动计划。通过提升自我意识和情绪智力，我们可以更有效地管理内在冲突，将知识转化为实际行动，促进个人成长和目标实现。

2.1.3　学习力 MAX：开启你的终身探索者模式

在当今这个飞速变化的时代，我们每个人都面临着不进则退的现实挑战。有时，我们可能会发现自己陷入了一种习惯性的循环，难以打破常规去实现真正的变革。因此，保持一种"活到老，学到老"的心态，对于我们实现持续的自我提升至关重要。

而这个自我提升过程的起点就在于改善我们的心智模式。苏格兰心理学家肯尼思·克雷克在 1943 年首次提出了心智模式的概念。心智模式就像是我们大脑中的一幅地图，它指引我们认知外部世界，深刻影响着我们的观察、思考和行动。心智模式包括我们的信念、假设、价值观和规则，是我们用于解释信息和预测结果的内在模型。当环境变化时，如果还用旧的心智模式去应对，自然会遇到困难。因此，我们需要定期检查并适时调整自己的心智模式以适应新环境。

那么，如何有效更新心智模式呢？关键在于掌握一个结构化的学习与反思流程。这个过程可以通过 OADI 循环来实现。这是一个"见-解-思-行"的循环过程，它指导我们如何系统地观察、评估、决策并最终实施改变，如图 2-2 所示。

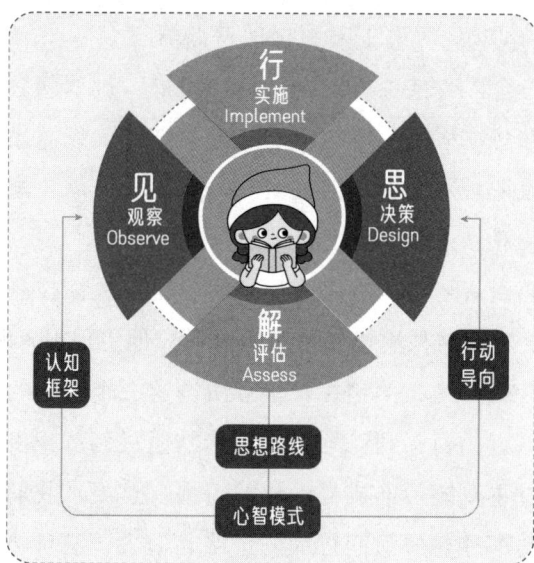

图 2-2　OADI 循环："见-解-思-行"

让我们深入探索 OADI 循环的各个阶段：

（1）见（观察，Observe）：不带评判地审视自己当前的状态和行为模式。

（2）解（评估，Assess）：分析收集到的信息，评估自己的优点和改进空间。

（3）思（决策，Design）：根据评估，设计改进目标和行动策略。

（4）行（实施，Implement）：采取具体行动，执行决策，并在新一轮循环中持续调整。

OADI 循环是优化心智模式的有效工具。以下是运用 OADI 循环改善健康状况的实例：

见（观察）：开始记录自己的日常饮食、锻炼频率和睡眠质量。

解（评估）：通过为期一周的记录，你发现自己的饮食习惯不够健康，缺乏规律的锻炼，而且经常熬夜。

思（决策）：决定调整饮食计划，每周至少进行三次有氧运动，并设定每晚 11 点前睡觉的目标。

行（实施）：开始按照新的饮食计划进食，加入健身房并参加团体运动课程，晚上则通过阅读或冥想来放松，确保按时睡觉。

几周后，再次进入"见-解-思-行"的 OADI 循环，观察新的进展，评估新的情况，做出进一步的决策和实施。通过这样的循环，你不仅在体能上取得了进步，更重要的是，你正在主动地重塑自己的健康心智模式。

当然，要让 OADI 循环发挥最大效用，还需要正确的内在状态作为支撑。这包括 4 个开放的步骤（见图 2-3）：

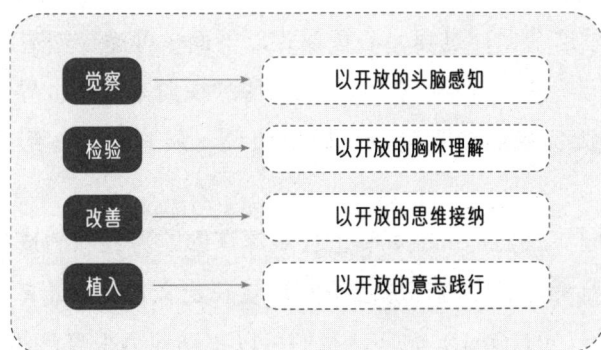

图 2-3 4 个开放的步骤

（1）觉察——开放的头脑：以好奇心接纳新信息

（2）检验——开放的胸怀：用同理心理解全局

（2）改善——开放的思维：放下旧有偏好，做出最佳选择

（4）植入——开放的意志：拿出勇气行动，将新模式内化

简单来说，OADI 循环是行动的"骨架"，而"开放性"是驱动行动的"灵魂"。当我们以开放的心态进入 OADI 循环时，每一个环节都会变得更加有效：觉察时更敏锐，检验时更客观，改善时更果断，植入时更坚定。

在实践 OADI 循环的过程中，还有以下几种策略可供你在各个环节中参考：

• 觉察阶段：

（1）自省反思：聆听内心的声音，让它引领你前进

（2）持续学习：积极吸收新知识，扩宽你的视野

• 检验阶段：

（1）换位思考：从他人的视角理解问题

（2）深入对话：与他人进行有意义的思想交流

• 改善阶段：

（1）面对挑战：在逆境中寻找成长的契机

（2）未来规划：为未来制定清晰的愿景

• 植入阶段：

（1）环境更新：通过改变环境获得新的灵感

（2）持续精进：将自我提升融入日常生活

OADI 循环仿佛智慧的螺旋，每一次"见-解-思-行"的循环都让你对世界的理解更加深刻。通过这个循环过程，心智模式以下面 3 种途径塑造我们的世界观：

（1）认知框架：它为我们提供了一个独特的视角来观察世界。

（2）思想路线：我们接收信息，做出假设，展开想象，形成自己的判断和决策。

（3）行动导向：我们的价值观和世界观深深影响着我们的选择和行为。

成为终身学习者，意味着你愿意不断地重新定义自己，不断地成长和进化。通过"见-解-思-行"的 OADI 循环，我们可以主动地审视自己的行为和思维，积极地寻找改进的空间，坚定地执行我们的决策，并在实践中不断调整和完善自我，最终实现心智模式的持续升级，如图 2-4 所示。

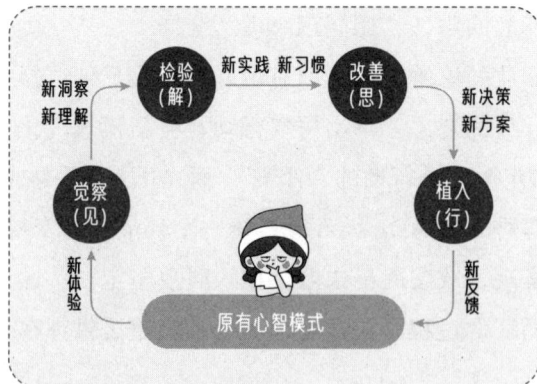

图 2-4　通过 OADI 循环改变原有的心智模式

这个过程不是一次性的改变，而是一个持续的螺旋式上升。每一轮 OADI 循环都会让你站在更高的认知层次上，用更开阔的视野去观察世界，用更深刻的洞察去评估现状，用更智慧的判断去进行决策，用更坚定的意志去付诸实践。

最终，当你真正掌握了这种"见-解-思-行"的学习模式，你就不再是被动地适应变化，而是主动地引领变化。你将成为一个真正的终身探索者——不仅能够在变化中生存，更能够在变化中苗壮成长，在不确定性中找到属于自己的确定性。

2.1.4 行动的深层逻辑：想明白的四个层级

"熟知非真知。"黑格尔的这句话提醒我们，表面的了解并不等同于对事物深层含义和本质的真正理解。当我们的心智模式尚未成熟，认知能力有限时，我们的思考往往变得单一且缺乏灵活性，容易陷入思维的局限。这种局限源于我们的个人想法，这些想法是由过去的经验、期望、评价和思维模式塑造的，它们影响着我们对新情境的判断。乔治·凯利的个人构念论正是对这种现象的阐释。

这种认知偏差通常被称为达克效应（邓宁–克鲁格效应）（见图 2-5），这种现象源于个体元认知能力的不足，即无法准确评估自己的实际能力。缺乏元认知能力的人往往高估自己的能力，因为他们对自己的能力缺乏清晰的认识，这容易导致自我膨胀现象。元认知的缺失导致我们难以准确评估自身能力，这不仅误导我们选择不切实际的行动计划，还削弱了我们的执行力。

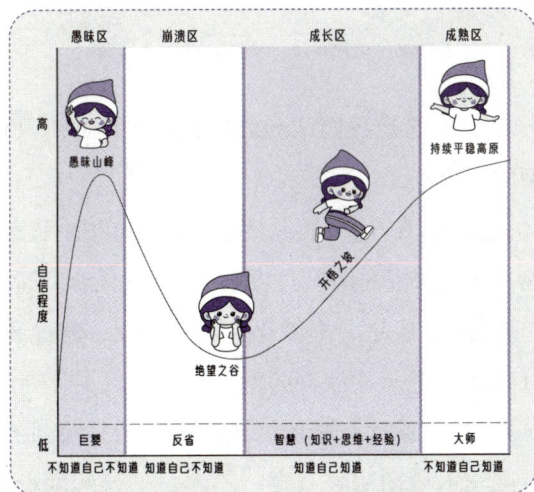

图 2-5 达克效应（邓宁–克鲁格效应）

李笑来在《通往财富自由之路》中提出的观点"执行力是想明白的结果"，深刻地揭示了清晰思考与行动力之间的内在联系。他强调："执行力并非一种孤立的能力，而是在深入理解事物本质后自然产生的行动倾向。"

当我们开始"想明白"，这实际上是启动了一个由内而外的转变过程，这个过程可以分为四个阶段，如图 2-6 所示。

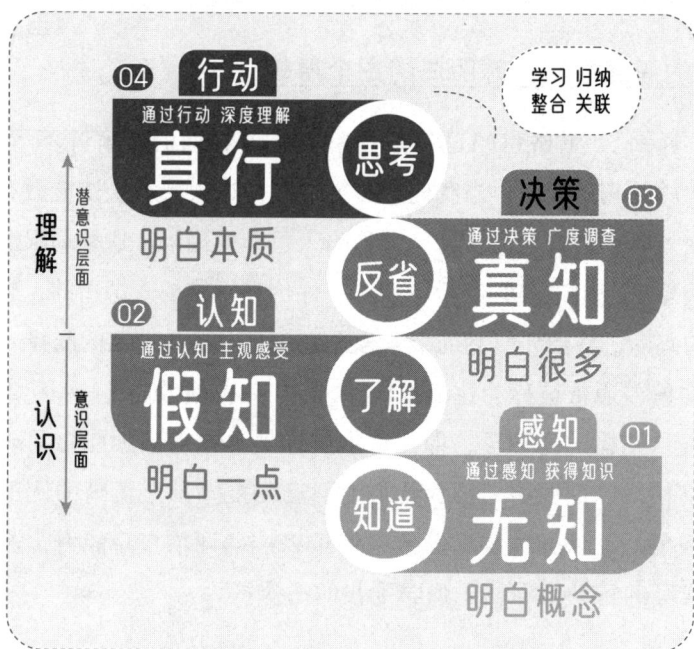

图 2-6　认知层级：想明白的四个阶段

（1）初步感知（无知）：这是我们认知之旅的起点，对知识有一个朦胧的意识，对事物仅有一个模糊的概念。

（2）觉醒认知（假知）：在这一阶段，我们的认知开始萌芽，通过个人体验和主观感知，我们对事物有了更深层的认识，尽管这种认识可能基于假设或不完整的信息。

（3）深入理解（真知）：这是一个深化探索的阶段，通过研究、逻辑分析和反思，我们开始获得对事物更全面和深刻的洞察。

（4）知行合一（真行）：在这个阶段，我们的行动与深刻的理解相融合，我们的决策和行为基于对事物本质的清晰洞察，不再是无目的的尝试。

这四个阶段的探险，不仅是一种认知上的提升，更是一种行动上的转变。

认知不仅是知识的积累，它是从认识到理解的华丽转变。理解是认知的终极宝藏，也是衡量智慧的尺度。当我们达到"真行"的境界时，我们的行动将更加坚定、有效，因为我们的每一个决策都是基于对事物的深刻理解。这种由内而外的变化，使我们在追求目标的过程中更加从容不迫，因此也更有可能实现愿望和目标。

正如那句古语所说："认识是知其然而不知其所以然，理解是知其然且知其所以然。"只有整合了知觉、记忆、注意、思维和想象，我们才能透过现象看到本质。

在这个过程中，你的态度和理解层次决定了你对新规律和知识的看法。这就是为什么面对同一件事情，不同的人会展现出截然不同的行为和态度。

在探索知识与行动的奥秘时，老子在《道德经》中的一句话启发了我们："上士闻道，勤能行之；中士闻道，若存若亡；下士闻道，大笑之。"这不仅是对理解层次的精准划分，更是人们对认知态度的真实写照。

当你听说了一个新理念，你的反应是怎样的？是像上士那样，立刻行动起来，全身心投入？南怀瑾说这是真高明的人，林语堂认为这是有志的人，而樊登则认为这是境界很高的人。这些人拥有成长型人格，他们对新知识充满好奇心，愿意深入思考并将其融入自己的生活实践，实现知行合一。

或者，你像中士一样，听了道理以后，偶尔尝试去行动，但总是犹豫不决？就像南怀瑾描述的，这种人平时庸庸碌碌，只有在特定日子才会上教堂或庙宇祈祷，其他时间则随随便便。林语堂则认为这种人由于见识不足，对道的认识不清。樊登则认为这种人对"道"不太在意，难以去实践。

再或者，你像下士一样，听了道理后，怀疑甚至嘲笑它？南怀瑾提到，这种人自认为最高明，对他人的道理嗤之以鼻。林语堂认为这种人见识浅薄，听见合于道的话，反而觉得荒诞不经。

从知识到理解事物本质的过程是长久的。它要求我们学习、归纳、整合和关联，直到我们达到理解层次，从而获得行动的动力。然而，上士、中士、下士，有时并不是指三种人，而是我们内心的三种不同心态。当一件事与我们的内心信念相契合时，我们常常是立即行动的上士；当我们对某事尚未完全理解，动机不足时，我们就成了犹豫不决的中士；而当某件事与我们的价值观或认知不符时，我们可能就变成了不屑一顾、懒得行动的下士。因此，当我们发现自己缺乏行动力时，不必急于焦虑或自责，而应该更深入地探索自己的真实心意，发现什么阻碍了我们的行动，并探索激发内在动力的方法。通过这样的自我反思和理解，我们可以逐步培养出更积极、更开放的心态，从而在知识的海洋中航行得更远，从而将理解转化为有力的行动。

2.2　梦想家到实干家：内化梦想，目标激活行动

2.2.1　深入自我：培养以目标为中心的思维方式

为了实现持久的变革，我们必须进一步探索自我，将个人目标与我们的身份认同紧密结合。只有这样，我们才能达到认知的更高境界，将深刻的理解转化为切实的行动，从而实现从理论到实践的质的飞跃。

在自我探索的过程中，NLP 思维逻辑层次模型是一种强有力的心理工具。这个模型的基础是格雷戈里·贝特森的早期研究成果，并由罗伯特·迪尔茨在神经语言程序学领域进一步发展。它揭示了个体行为的层级性以及各层级间的相互影响和指导作用。如图 2-7 所示，较高层级的变化会对较低层级产生显著的影响，而较低层级的变化对较高层级的影响则相对有限。

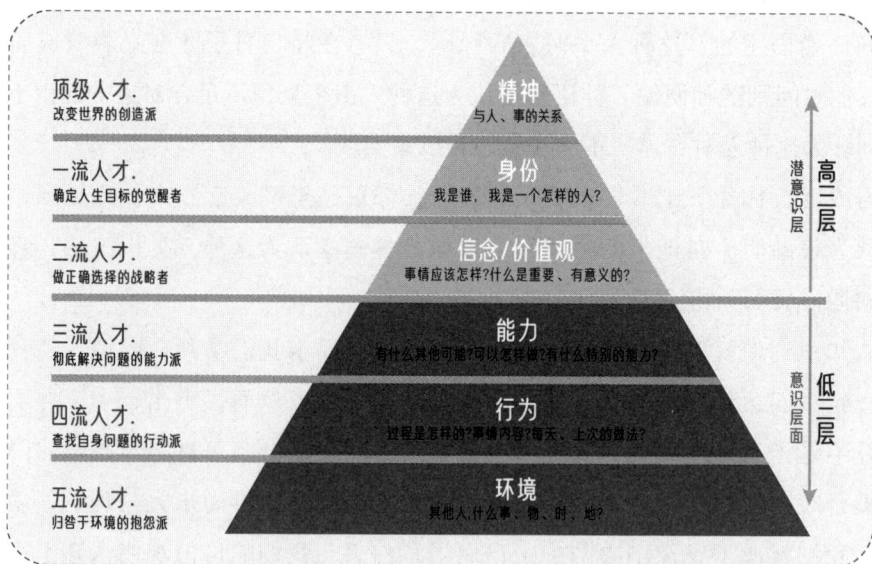

图 2-7　NLP 思维逻辑层次模型

借助这一模型，我们可以更精确地理解并调整自己的行为，从而在个人成长中实现更有效的变革。NLP 思维逻辑层次模型的六个层次及其特点如下：

（1）环境（Environment）：指我们行为发生的外部条件，回答了"何时""何地"的问题。

（2）行为（Behavior）：指在特定环境中采取的具体行动和反应，回答了"是什么"的问题。

（3）能力（Capability）：指导行为和行动的心理地图、计划或策略，回答了"如何"的问题。

（4）信念/价值观（Beliefs/Values）：指支持或否认能力的强化物，包括激励和允许，回答了"为什么"的问题。

（5）身份（Identity）：指个人的自我感和整体目标，回答了是"谁"的问题。

（6）精神（Spirit）：指个体与更大的系统或愿景的联系，回答了"为了谁""为了什么"的问题。

在 NLP 中，通过"理解层次贯通法"，我们可以更深入地理解，并且与自己的潜意识力量联系，最终找到解决问题的方法。

改变逻辑层次的一个有效策略是将自我认同与特定的能力或行为区分开来。例如，将"我是个失败者"这种消极的自我标签转变为"我尚未掌握所有成功所需的要素"，这种"换框"技巧有助于减轻心理和情感的负担，同时开启新的可能性。它使我们能够以更积极的姿态参与到自我改变的过程中，从而成为自己命运的主动掌控者。

利用 NLP 模型，我们能更深入地洞察自己的行为和信念，并认识到如何通过调整我们的高层次信念和价值观来驱动低层次行为的转变。这种洞察力对于推动个人成长、指导他人以及引领组织变革至关重要。

这些层次之间存在一种层级关系。通常情况下，较低层次的挑战可以通过在更高层次上寻找策略来有效解决。相反，如果高层次的挑战仅用低层次的方法来应对，往往难以取得预期效果，甚至可能徒劳无功。

1. 第一层级 环境层：从抱怨到解决，突破外部条件的局限

环境层构成了我们周围的一切——我们所处的位置、我们掌握的资源，以及所有塑造我们生活的外部因素。如图 2-8 所示的环境层，当面临挑战时，个别人倾向于在外部寻找问题的根源，经常将责任归咎于外部因素：如不利的天气条件、合作不力的同事、缺乏支持的家庭或是冷漠的社会氛围。在他们看来，生活中的阻碍似乎总是源自外部世界的影响。

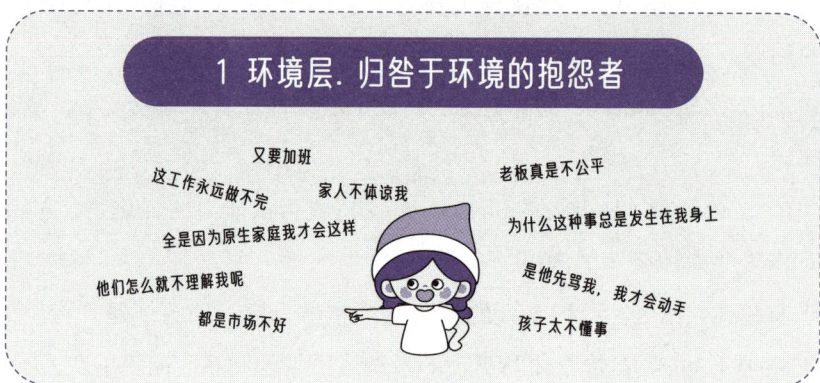

图 2-8　环境层

环境层的确存在，并且我们的想法往往基于现实情况。但问题在于，外部环境通常不是那么容易改变的。如果思考仅仅停留在这个层面，我们可能只会陷入无尽的抱怨，自己也可能变成那个总是抱怨环境的人。

乐观的人可能会通过将责任归咎于外部来缓解自己的焦虑，从而转移对自己的关注。然而，如果我们的思考和理解始终停留在环境层，我们就像是在原地徘徊，无法向前迈出解决问题的步伐。我们需要将注意力从那些无法改变的事物转移到那些我们可以控制和改变的要素上。这样，我们才能从抱怨者变成解决问题的能手，将生活中的挑战转化为成长和进步的机遇。通过提升我们的思考层次，我们可以更有效地应对挑战，从而实现自我超越。

2. 第二层级　行为层：行动的觉醒，从被动反应到主动作为

在改变成长的道路上，我们迈出了坚实的一步才来到第二层级——行为层。

在这里，我们开始认识到生活中的三个关键领域：自己的事、别人的事和"老天的事"。许多烦恼的根源就在于：忘了自己的事，爱管别人的事，担心"老天的事"。

在行为层面，我们能够展现出更深层次的洞察力。我们意识到，外界的人和事往往不受我们控制，因此我们决定将注意力转向内在，探索如何通过改变自己的行为来积极面对生活中的挑战。如图 2-9 所示，这种转变让我们更加专注于自己能够控制的方面，从而实现更有效的应对策略。

图 2-9　行为层

托尔斯泰曾深刻指出："世界上只有两种人——观望者与行动者。"在这一层次上，行动者以其典范的姿态，坚信改变世界应从改变自我做起。面对问题，进行自我反思，坚信通过不懈的努力和持续的时间投入能够取得更好的成果，积极寻找并解决问题。

这一层级的人已经从抱怨环境的局限中走出，转而专注于审视和改善自己的行为，展现出比那些仍停留在抱怨阶段的人更为积极的心态。然而，成功并非仅靠努力就能实现，面对一些难题，即使竭尽全力也可能难以克服。因此，我们还需要不断向上探索，迈向更高层次的思维来拓宽视野，寻找更全面的解决方案。

3. 第三层级　能力层：能力金字塔，构建坚实的技能基础

攀登至能力层意味着具备高效解决问题的能力，面对挑战时，能够迅速采取行动，寻找并实施克服障碍的策略。如图 2-10 所示，在这一层次，人们不仅意识到行为对结果的影响，而且深刻理解支撑这些行为的能力是至关重要的。他们学会了评估自己的优势和劣势，认识到专注和刻意练习的价值，不断磨炼自己的技能。随着努力与技巧的结合，他们会逐渐成为解决问题的专家，开始取得显著的进步，并享受由此带来的成就感。

图 2-10　能力层

环境、行为、能力这三个层级构成了我们意识的可见部分，它们易于理解，我们可以直接感知和体验。当探讨这三个层级时，我们正站在潜意识世界的门槛上。信念（价值观）、身份、精神，这些更深的层次潜藏在意识之下，它们是冰山之下的部分。

"冰山"这一隐喻最初由心理学家弗洛伊德在其心理分析理论中提出，用以说明许多并不显而易见的问题，因为真正的挑战往往潜藏于表面之下（见图 2-11）。

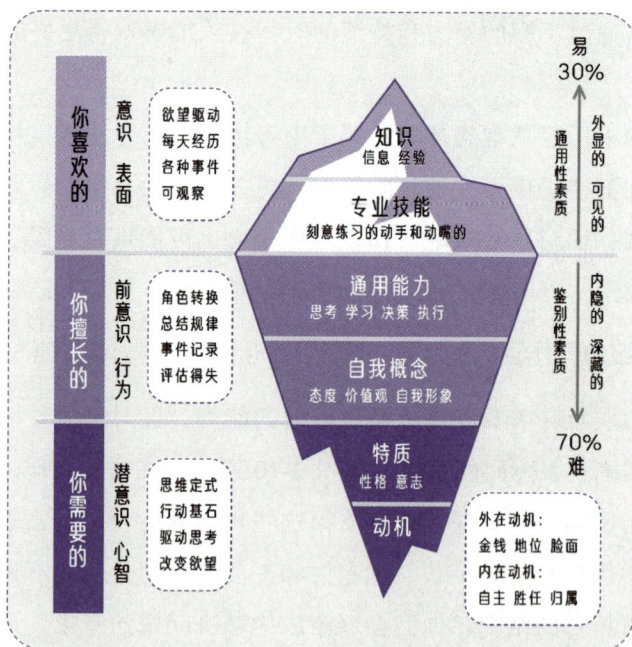

图 2-11　冰山模型　把重心放在冰山下面

在行为科学领域，大卫·麦克利兰通过深入研究胜任力和动机，进一步发展了该模型，为我们理解个人成功的关键因素提供了宝贵的洞察视角。麦克利兰的"冰山模型"揭示了个人成功的深层因素，包括动机、自我认同和核心价值观等。这些深层次特质构成了个体的基础，虽然它们不易察觉，但对个人表现具有决定性作用。

探索这些深层次特质使我们能够深入思考生命的核心问题：我是谁？我从哪里来？我要到哪里去？我们的命运是由连续的选择塑造的，而这些触及心灵深处的问题，正是驱动我们进行选择的力量。不同的选择将我们引向不同的人生道路，而错误的选择有时可能让我们在努力追求目标的同时，反而偏离了正确方向。

如果你已经在环境、行为、能力这三个层级上做好了准备，那就勇敢地迈出下一步，深入探索更深层次的自我，解锁内在潜力，开启一段更全面的成长旅程。

4. 第四层次 信念层：决策的路口，价值观如何左右你的选择

在面临重大决策时，价值观的作用至关重要，它是我们选择的指南针，影响着我们的方向和决策。如图 2-12 所示，我们更关注自己的每一次决策。当我们深入探索自我，到达信念层，我们就会发现这里充满了决策的智慧。

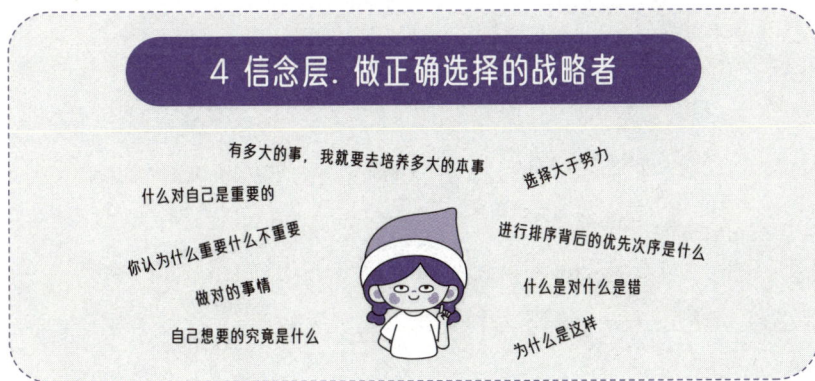

4 信念层. 做正确选择的战略者

有多大的事，我就要去培养多大的本事
什么对自己是重要的
选择大于努力
你认为什么重要什么不重要
进行排序背后的优先次序是什么
做对的事情
什么是对什么是错
自己想要的究竟是什么
为什么是这样

图 2-12　信念层

在这个层次上，我们开始更加审慎地考虑每一个选择，因为我们意识到选择正确的道路比盲目的努力更为重要。正如埃莉诺·罗斯福所言："一个人阐释人生观的最佳方式不是语言，而是他作出的选择。"而这些选择，正是塑造我们人生轨迹的关键。

每个选择背后都反映了你的价值观。我们对周围的人和事都有自己的评价标准，这些标准构成了我们独特的价值观体系。然而，决策时的犹豫和想法的多变，往往源于价值观的不明确。价值观虽然深藏于我们的潜意识，但它却无时无刻不在引导着我们的行动。

能力层教会我们如何正确地做事，而信念层则指引我们去做正确的事。如果要解决价值观的困惑，我们便需要深入挖掘，探索更深层次的自我。这要求我们不仅要认识到自己的价值观，还要理解它们如何影响我们的决策和行为。

通过这样的自我探索，我们可以更加清晰地认识到自己的核心价值观，从而在面对选择时，能够更加自信和明智地做出符合自己信念和目标的决策。这样的自我认知和明确的价值观，是我们在人生旅途中作出正确选择的重要基础。

5. 第五层级 身份层：身份与目标，如何让你的身份指引你的行动

在自我探索的旅程中，我们抵达了身份层，这是自我意识的核心领域。如图 2-13 所示，此时我们开始深刻地反思一个关键的问题："我是谁？"这个问题触及了我们存在的核心，引导着我们探索自我认同的深层含义。

图 2-13 身份层

价值观的不清晰，除了概念上的模糊，往往源于我们对自己身份的不确定。身份认同影响着我们的价值观，因为它定义了我们如何看待自己以及我们在世界中的位置。

当你明确了自己的身份，理解了"我是谁"，你的人生目标和方向就会变得更加清晰。这种自我认知的清晰能够帮助你更好地理解自己的价值观，从而在决策时更加自信和一致。

身份层的探索不仅仅是关于自我的发现，它还涉及自我创造。我们不是被动地接受一个既定的身份，而是可以通过选择和行动来塑造自己的身份。这个过程包括了对自我潜力的挖掘以及对个人使命和愿景的明确。

通过深入身份层的探索，我们可以解锁内在的力量，这些力量将引导我们作出更加符合自己身份的选择，实现更有意义的人生。这种自我认知的过程是持续的，它要求我们不断地反思、学习和成长，以便更好地理解自己，活出真正的自我。

6. 第六层级　精神层：精神觉醒，发现并活出自己的人生使命

当我们攀登至精神层，我们便达到了探索人生意义的顶峰。如图 2-14 所示，在这一层次，我们不仅追寻个人的使命和目的，还会深思自己与社会的关系以及如何为这个世界带来积极的变化。我们培养了一种利他的精神，将视野从个人扩展到更广阔的社会，渴望为周围的人，甚至是那些我们未曾谋面的人，创造更加美好的生活。这正是我们存在的独特价值。

图 2-14　精神层

这些层次是相互关联且层层递进的。没有坚实的基础，上层的思考就可能会失去根基，变得虚无缥缈，而精神追求也可能变成脱离现实的空想。因此，从环境层的行为模式到能力层的技能提升，再到信念层的价值观确立，每一步都是构建精神层的坚实基础。

精神层的追求不仅仅是个人的自我实现，它还关乎我们如何与他人和世界相连。在这个层次上，我们的行为和决策不仅反映了个人的价值观，也体现了自身对社会的责任和对后代的关怀。通过这样的自我超越，我们能够实现更深远的影响力，为世界带来持久的正面变化。

要发现人生的意义并明确自己的使命，我们需要深入理解使命的力量。梁宁的一段话深刻地揭示了这一点："人生不是一道证明题，《西游记》里最强大的不是孙悟空，而是唐僧。让这些人脱胎换骨的不是某个技能，而是他们的使命。使命就是你怎么使用你的生命。唐僧的生命就是用于西天取经的。取经人，死在取经路上，得其所哉。所以，他不回头，一路向前，走过高山沙漠，取经、译经、讲经。他就是这样使用他的生命的，他就是这样度过他的一生。雷军 30 年如一日地成了中关村劳模，这个是他的活法。罗振宇 20 多年，每天必须读一本书，这个是他的活法。当面对障碍时，加一把劲儿，也许谁都可以克服困难。但是，选择什么样的生活使你心甘情愿，这才是人和人的分别。"

使命不仅是个人追求的目标，它还是推动我们前进的内在动力。使命感使我们的行动充满意义，它超越了日常的琐碎，将我们的个人成长与更广阔的世界相连。

这六个层次相互作用、相互影响。环境塑造行为，行为培养能力，能力影响价值观，价值观定义身份，而身份又反过来影响环境，形成了一个循环。

理解这六个层次的相互关联和作用，我们就能尽量避免仅在单一层次上努力。每个更高层次都会对下面的层次产生指导和影响。例如，如果你的身份认同是一位画家，那么你的价值观和信念很可能与艺术创作紧密相关。这些深层次的信念和价值观将推动你的能力发展，激励你采取与绘画相一致的行动，最终这些行动将塑造一个环境，成为一个能够支持你艺术创作的空间。这种层次间的相互作用，使得个人的成长和成功不仅仅是单一因素的结果，更是一个多维度、相互促进的过程。

2.2.2 学以致用：乔布斯如何让知识创造价值

很多人不喜欢读书，讨厌学校里的知识，都是因为没看到知识的价值。理论知识如果不能和实践相结合，便会成为无用的空谈。

乔布斯（Steve Jobs）于 2005 年在斯坦福大学毕业典礼上的演讲中讲到自己的故事："在学校六个月后，我已经看不到上学的价值。我不知道我真正想要什么，也不知道大学如何能帮我找到答案。这时，我就要花光父母一辈子节省下来的钱了。所以我决定退学，并且相信没有做错。一开始非常吓人，但回忆起来，这却是我一生中做得最好的决定之一。从我退学的那一刻起，我可以停止一切不感兴趣的必修课，开始旁听那些有意思的课。当时里德大学拥有也许是全美最好的书法课。校园里的每一幅海报、每一个抽屉的标签都是漂亮的美术字。因为我退学了不必去上必修课，所以我决定去学一门书法课，学习怎么写出这样的字体。我学到了各种衬线和无衬线字体，学习如何改变不同字体组合之间的字间距，学习如何做出漂亮的版式。那是一种科学永远无法捕捉的充满美感、历史感和艺术感的微妙，我发现这太有意思了。当时看起来这些东西好像对我的人生来说没有任何实用价值。但是十年之后，当我们在设计第一台 Macintosh 电脑的时候，灵感一下子浮现了出来。我们将这些东西全部设计进了 Mac，于是漂亮的印刷体第一次出现在电脑上。如果我当年没有旁听这一门课，苹果就不会有如此丰富的字体以及漂亮的字间距。同样地，你们也无法预知未来，只有回头看时才会发现它们的关系，所以你必须相信你现在获得的点滴会在未来联结起来。你必须相信一些东西：直觉、命运、人生、因果，因为如果你相信这些点滴会连接起你未来的道路，你就会拥有跟随自己内心的自信，即使你的选择不被主流认同，这将使一切都变得不一样。"

知识的真谛体现在实践中的运用。学习的目的不仅仅是积累知识，更关键的是将所学知识应用于现实世界，通过实际操作来验证和深化我们的理解。乔布斯在大学时期对书法的热爱虽然与他的计算机科学专业看似不搭界，但这份兴趣并没有停留在表面。如果他没有将这份热爱深化并融入自己的专业领域，这份兴趣可能永远只是业余爱好，难以成为推动事业发展的力量。他深刻理解了书法艺术，并将其与计算机科学相结合，把对美学的洞察带入苹果产品的设计中。这种结合知识与实践的方法，不仅奠定了苹果公司成功的基础，也为我们每个人追求卓越提供了启示。

当我们面临不愿行动的时刻，不妨先放松下来，不要急于强迫自己。这时，我们应该停下来，问问自己：这件事是否真正得到了我的认同？要信任自己的直觉、信念，这虽然听起来可能有些抽象，但能赋予我们信心，让我们跟随内心的声音，即使这意味着要走一条非同寻常之路，即使在他人眼中看似不切实际。因为热爱，我们才能更深入和持久地探索。

采取长期视角来看待问题至关重要。保持对世界的好奇和对知识的开放态度，即使它们暂时与我们的专业或职业目标不直接相关。生活中的每一步，无论多么微小或看似不相关，都可能成为日后构建成功之路的关键。珍视这些步骤，因为它们汇聚起来将引领我们走向更加丰富和有意义的人生旅程。

2.2.3 目标内化：自我融合中的行动力觉醒

行动的难题往往源于未能将新理论内化为自己的行动力。知识的内化是一个需要时间和大量重复的过程，它要求我们不断地实践，直到能够"不假思索"地完成。通过无数次的重复，无论是打字还是开车，这些技能最终都会成为我们的第二天性。

李笑来在《通往财富自由之路》中提出，"真正的努力是内化于心、外化于行的自然状态"。当我们逼迫自己去努力做一件事，就是理智脑与情绪脑或本能脑的对抗，而对抗只会耗尽意志力。最好的方法就是找到合适的方法，让习惯自然而然地形成，从而使潜意识为我们工作。

为什么有些人觉得困难的事情，另一些人却觉得轻松呢？这是因为后者已经经历了进化，成了"另一个物种"。他们通过大量的重复和多次的应用，使得潜意识能够自然而然地完成这些任务。

我们眼中的努力，对有些人来说可能是轻松的日常。樊登就曾分享过，总有人出于好心劝他休息，觉得他既要读书又要写作，一定非常疲惫。但他回应："我并没有觉得辛苦，反而感到非常快乐。"他的熟练与重复，让自己成了"另一个物种"。

有人在知乎上提出：李开复老师为什么每天花那么多时间发微博？这个问题揭示了许多人对于高效时间管理的好奇。李开复老师亲自回答说，他的微博管理实际上是一个精心设计的流程。每天早晨6点，他会开始处理微博，利用工具自动整理出过去8个小时中有价值的约100条微博。他会逐一审阅，决定哪些内容值得转发和评论，到了 6:30，他会处理累积的投稿、原创内容和员工建议，并安排几条定时发布。如果时间允许，他还会监控关键词和热门话题，并搜索当日的重大事件。最后，他会根据这些信息和自己的灵感，创作并发布原创微博，通常在 7:00 结束。这样的流程在上班时间和下班后各重复一次，每天总共花费 2 个小时。

听起来是不是很烦琐？对于外人而言，每天发布 10 条微博可能看似是一项艰巨的任务，但对李开复来说，这不过是他的日常习惯。通过熟练和重复，他将一项复杂任务转化为简单而高效的日常流程。李开复的这种能力，正是李笑来所描述的"进化成另一个物种"的体现——即将日常任务内化为几乎无须额外思考即可执行的习惯。这种能力使得他能够将注意力集中在更重要的事务上，同时保持高效的信息输出和互动。

那些在追求目标时显得特别有动力的人，他们已经将目标内化为自身的自我认同。他们不仅仅是在追求目标，更是让自己成为目标本身。这种深度的融合，让我们在面对挑战时更有动力，也更容易获得正面的反馈。半途而废往往是因为重复的次数不够，内化的过程没有完成。我们需要通过不断实践和产出，将知识转化为实际行动。

身份认同直接影响我们的行为。如果我们认为自己是画家，我们就会去学习美术；如果我们认为自己是有素质的人，我们就不会随意乱扔垃圾。我们总是根据自己的擅长来定义自己，这些能力不仅构成了我们的基础，也决定了我们将来成为什么样的人。

那些与内心共鸣的目标，与自我认同紧密相连的梦想，便是自我和谐的目标。当目标与个人的核心价值观和身份认同一致时，会带来强烈的自主性和满足感。当我们追求这样的目标时，生活便充满了积极的能量，满足感和活力自然增强，从而自发地启动了一个正向的"上升螺旋"。

一个单纯的愿望和一个燃烧的欲望之间，有着天壤之别。大多数人只是停留在"想要"的阶段，而那些真正成功的人，他们会把愿望放大，变成一种驱动力，用合理的计划和坚持不懈的努力去实现它。因为光有梦想还不够，我们要的是行动！就像拿破仑·希尔所说："你的目标需要像强迫症一样坚定。"卡耐基也强调："成功的人都有一个共同点——对目标的专注和执着。"成功者不仅仅停留在想法层面，而是将梦想转化为燃烧的欲望，并通过坚定的计划和不懈的努力将梦想变为现实。

2.3　兴趣与能力：找到你的职业甜蜜点

在成长的路上，我们不可避免地会遇到一些挑战，这些小障碍会时不时地绊住我们的脚步。

爱好和工作的不搭界：我们可能很喜欢某样东西，但工作内容和我们的爱好不匹配，这让我们干起活来觉得不那么带劲。

本事和工作的不匹配：工作越来越难，我们有时候会觉得自己的本事不够用，这种时候就特别容易着急。

价值观与工作环境冲突：我们心里有一套自己的价值观，但有时候工作环境和这些想法不太一致，这就让我们感到有些纠结。

梦想和行动的不一致：我们心里可能有很宏伟的目标，但真要行动起来，却发现自己不知道该从哪儿开始或者就是无法行动。

对自己了解不够：我们可能不太确定自己到底喜欢什么、擅长什么，这种不确定性让我们在选择工作或者决定方向时感到迷茫。

缺乏持续的动力：在追求目标的过程中，我们可能会因为缺少持续的推动力而感到提不起劲来。

外界条件的不利：有时候，不是我们不努力，而是周围的环境或者条件限制了我们的发展，比如资源不够或者机会缺少。

个人成长和职业发展常常受阻，这通常是因为我们对自己的兴趣、能力和价值观认识模糊，未能将它们有效整合，不能形成一个积极的自我增强循环。

2.3.1　自我增强的循环：兴趣、能力与价值观的融合

在《你的生命有什么可能》一书中，古典老师提出的"生涯三叶草"模型，为我们提供了一个框架，可以帮助我们发现并追求兴趣、能力和价值观的交汇点，从而更好地定位个人成长和职业发展的最佳路径，激活我们的正向循环系统。

简单来说，生涯三叶草模型就是一个由兴趣、能力和价值构成的动态循环系统，如图 2-15 所示。

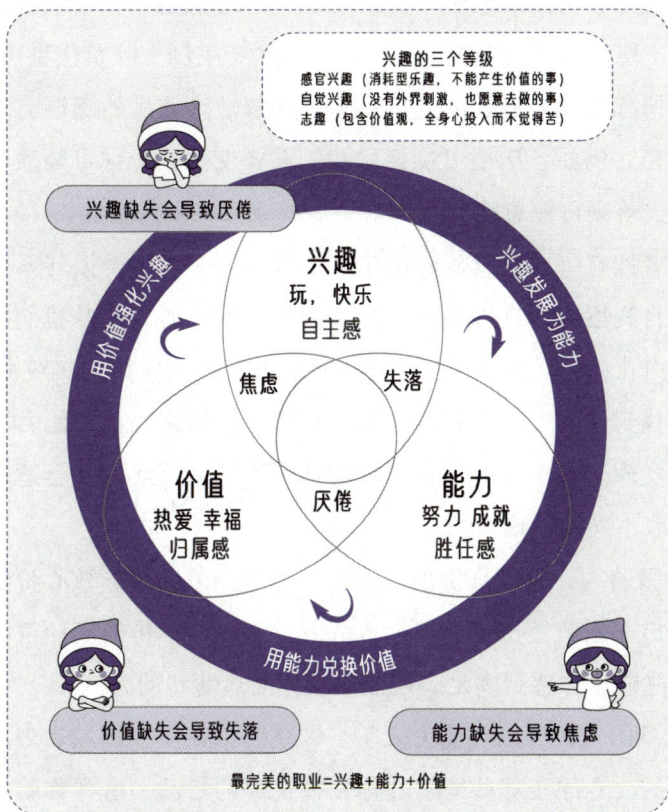

兴趣的三个等级
感官兴趣（消耗型乐趣，不能产生价值的事）
自觉兴趣（没有外界刺激，也愿意去做的事）
志趣（包含价值观，全身心投入而不觉得苦）

兴趣缺失会导致厌倦

用价值强化兴趣

兴趣发展为能力

兴趣
玩，快乐
自主感

焦虑　　失落

价值
热爱 幸福
归属感

厌倦

能力
努力 成就
胜任感

用能力兑换价值

价值缺失会导致失落　　能力缺失会导致焦虑

最完美的职业=兴趣+能力+价值

图 2-15　生涯三叶草模型

我们先对某件事感兴趣，这种兴趣会驱动我们学习和练习；随着学习和练习，我们会获得能力；然后我们寻找合适的方式将能力转化为价值；价值的实现又反过来增强我们的兴趣，从而形成了一个正向的自我增强循环。

这个循环不仅推动我们在工作中取得成就，也能让我们在生活中感到满足和快乐。通过不断地旋转这个"生涯三叶草"，我们能够持续地发现新的热情、发展新的能力，并在符合自己价值观的方向上实现自我成长和职业发展。

当我们选择投身于某项活动时，可能会遭遇烦躁、焦虑或失落等负面情绪。这些情绪往往是因为我们的"生涯三叶草"中的某些部分未能得到满足。兴趣、能力、价值这三个要素对于我们的个人发展至关重要，缺一不可。

（1）当我们对某件事失去兴趣时，可能会感到厌倦，生活似乎变得枯燥无味。

（2）当我们的能力不足以应对挑战时，可能会感到焦虑，甚至产生无力感。

（3）当我们的价值没有得到实现时，就会感到失落，长期下去可能演变为自卑。

对于那些不愿面对自己情绪和需求的人来说，生涯三叶草模型可能并不适用。但接纳自己的情感是个人成长的起点。通过理解情绪背后的深层需求，我们可以确定成长的路径。例如，厌倦可能提示我们需要变化，焦虑可能表明我们需要学习新技能，而失落则可能意味着我们需要寻找或实现个人价值。

真正的强者拥有一棵持续旋转的生涯三叶草。一旦这个循环系统开始运转，它将形成一个自我增强的良性循环，激发我们的好奇心、提升我们的能力，并赋予我们强大的内在动力。那么，如何将生涯三叶草模型应用到实践中呢？

此时要先找到你能发挥专长的领域，可以通过探索兴趣、能力和价值观这三个关键要素来实现。每个人的性格类型和优势不同，因此找到合适的切入点因人而异，需要采取不同的策略。

（1）直觉型的人：可以从价值观入手。思考一下：你的核心价值观是什么？是帮助他人、追求创新，还是实现个人成就？选择与你价值观相符的领域，这样你的工作不仅能够让你感到满足，还能激发你的热情和动力。

（2）力量型的人：可以从能力入手。评估自己在哪些领域表现出色，哪些技能是他人认可的。专注于那些能够让你发挥优势的活动，这样你就能在这些领域中快速成长并取得成功。

（3）感觉型的人：可以从兴趣入手。寻找那些让你感到兴奋和快乐的活动。兴趣是最好的老师，当你对某件事情感兴趣时，你更有可能投入时间和精力去学习和提高。

要找到适合自己的领域，关键在于识别自己的兴趣、评估自己的能力以及明确自己的价值观。以下是一些步骤，可以帮助你在这个探索过程中对目标更加明确：

（1）探索兴趣：思考那些让你感到兴奋和快乐的事情。有没有一些活动，即使别人觉得乏味，你却能沉浸其中，甚至忘记时间的流逝？这些活动往往能让你体验到"心流"，即完全投入并享受正在做的事情。这些兴趣点可能是你激发热情和潜力的所在。

（2）评估能力：诚实地评估自己的技能和天赋。在哪些领域你的表现超过了大多数人？你的哪些技能可以为你带来成就感和满足感？选择那些能够让你发挥优势的领域，而不是仅仅追求他人对你的期望或社会标准。

（3）明确价值观：深入思考你的长期目标和愿望。你希望通过工作实现怎样的价值？是为了社会贡献、经济安全，还是个人成长？确保你的职业选择与你的核心价值观相一致，这样你的工作不仅能够带来物质回报，还能带来精神上的满足。

2.3.2　发现你的热情所在：如何确定你真正想要的？

如何找到真正符合自己兴趣和能力的事情？这个问题的答案往往隐藏在对自我认知的深入挖掘中。每个人都有独特的天赋，这些天赋是个人兴趣、能力和价值观的结合体，它们是我们与生俱来的独特性与热情的融合。

当自己的事业或目标停滞不前时，就要问自己："我真正想要的是什么？"如果你忽视了对你真正重要的事情，它们最终会消耗你更多的精力。

我们常常消极地认为自己想要物质上的东西，但这些欲望往往只反映了我们希望自己在他人眼中看起来不错或者是我们的父母或同伴告诉我们应该想要的东西。然而，除非我们知道目的地，否则就无法利用任何精神力量。

要发现个人的天赋，首先需要从"思考人生"转变为"创造人生"。这个过程要求我们主动探索，而不是被动等待。我们需要问自己一系列关键问题，比如：我真正热爱什么？我擅长什么？我如何将这些热爱和擅长的事情结合起来创造出有意义的生活？

肯·罗宾逊与卢·阿罗尼卡在《发现你的天赋：天分与热情成就幸福人生》这本书中指出：发现个人的天赋是一个深刻的自我探索过程，它通常包括以下三个关键步骤：

（1）屏蔽干扰：在这个快节奏、高干扰的世界中，找到一片宁静的空间，让自己独处，进行冥想或其他放松心灵的活动，有助于我们减少外界的噪声干扰，从而更清晰地聆听到内心的声音。这不仅有助于我们放松，还能让我们更深入地了解自己的真实想法和感受。

（2）变换角度：我们往往习惯于从固定的角度看待自己和周围的世界。为了发现新的可能性，我们需要跳出这个框架，尝试从不同的角度审视问题。这意味着要挑战我们过去的观念和信念，保持开放的心态，接受并探索新的想法和可能性。

（3）敢于试错：在发现天赋的旅程中，尝试新事物是至关重要的。不要因为害怕失败而止步不前。每一次尝试，无论结果如何，都是对自我能力的一次探索和了解。失败不是终点，而是通往成功道路上的一个重要里程碑。通过不断地尝试，我们可以发现自己擅长什么，不擅长什么以及哪些领域能够激发我们的热情。

通过这三个步骤，我们可能更深入地探索自己的天赋，发现那些能够激发我们兴趣、让我们发挥所长，并与我们价值观相契合的事情，从而引领我们走向一个更加充实和有意义的生活路径。在探索天赋的过程中，我们可能会遇到各种障碍，比如自我怀疑、迷茫或不当的责任感。为了克服这些障碍，我们需要进行一系列的自我探索和实践。这包括了解自己的天分、培养相应的能力以及找到那些能够激发我们热情的活动。

顺应天赋的生活会让我们充满活力和热情。这种生活不仅仅关乎职业成功，它也关乎我们如何以一种更有意义和让自己满足的方式去体验和享受生活。

2.3.3　技能叠加策略：打造你的专属优势

如果你尚未发现自己的专长，不妨着手创造一个：选择与你的个性和技能相契合的行动，将其培养成习惯并专注于你擅长的领域，以此构建成功之路。

美国作家和漫画家斯科特·亚当斯就是一个很好的例子。他以创作"呆伯特"系列漫画而闻名，他的经历和思想为我们的个人发展和职业规划提供了独特的启示。亚当斯出生在美国的一个小镇，教育背景和职业生涯起点平凡。在他职业生涯的前16年，他担任过大公司的多种职位，但并未获得高级管理职位。他尝试过多种创业活动，包括开发游戏、经营餐厅、设计键盘、投资股票和房地产，但都未能成功。然而，他没有放弃，最终通过"呆伯特"系列漫画取得了巨大成功，并成了全球知名的演讲人和畅销书作家。

在他的书籍《我的人生样样稀松照样赢》中，亚当斯分享了他的人生经验和成功策略，其中包括：

1. 建立系统而非追求目标

亚当斯强调：成功更多地依赖于建立有效的系统，而不是单纯追求某个具体的目标。系统是一种持续的、可重复的过程，它能够增加成功的可能性。在个人成长的旅途中，每个成功都不是孤立的事件，而是一连串正确决策和行动的累积。这要求我们用系统化的眼光审视自我成长，构建起一个正向的反馈循环。在这个循环中，每一步都是精心设计的，每一次努力都是相互衔接的。

正如马斯克所言："人生最大的挑战之一，就是确保你有纠正性的反馈回路，然后保持这个纠正反馈回路。"这意味着我们需要不断地评估自己的行动和结果，然后根据这些信息进行调整。这个过程不仅仅是关于成功的积累，更是关于如何从失败中学习，如何从每次尝试中吸取教训，并将这些教训转化为前进的动力。

动机往往会受到环境的影响，当目标显得至关重要时，持之以恒变得更加简单。探索目标的深层意义，认识到所做事情的价值，是一个个性化且深刻的探索过程。自我干预法是一种有效的策略，它通过提高我们对某件事情重要性的认识来激发行动力，使原本看似不重要的事情转化为激励我们采取行动的动力。

2. 互补技能的叠加

结合多种互补技能，即使每项技能并没有太大的优势，但结合起来却能创造出独特的价值和竞争优势。如果你尚未发现自己的专长，不妨借鉴斯科特·亚当斯的经验，寻找两项你擅长的技能，即使它们各自只能让你排在前 25%的水平。通过将这两种技能互补并叠加，你可以打造出自己的独特优势。亚当斯本人就是这样做的："我的绘画技能超过了大多数人，但还不足以跻身顶尖艺术家的行列。同样，我的幽默感也许不如专业的喜剧演员，但我比大多数人更擅长讲笑话。有趣的是，能够同时画画和编写幽默内容的人并不多。正是将这两项技能结合起来，让我的工作变得独一无二。"通过这种方式，亚当斯创造了自己的"呆伯特"系列漫画，并最终在全球范围内取得了巨大成功。

2.4　任务匹配术：定制你的目标，完美契合每一步

你是否曾梦想着环游世界或者成为自由职业者，却发现自己陷入了日常的忙碌和责任之中，难以找到实现梦想的路径？

小陈梦想着能够环游世界，体验不同的文化和风景，但作为初入职场的年轻人，她发现自己被日常工作和经济压力所束缚。

小刘一直想要成为一名健身教练，帮助他人达到健康目标，但全职会计师的工作让他难以找到时间去健身房进行训练和教学。

赵先生梦想成为职业摄影师，通过镜头捕捉生活中的美好瞬间，然而，他目前在广告公司担任平面设计师，这让他对于如何在工作之余发展摄影技能并建立个人品牌感到迷茫。

目标进行不下去的原因通常包括以下几点：

（1）目标与个人价值观不一致：我们追求的目标可能并不符合我们内心深处真正的愿望和信念。

（2）缺乏明确的行动计划：没有具体的步骤和时间表，我们很难将梦想转化为实际的行动。

（3）时间管理不当：在忙碌的日常生活中，我们往往难以找到时间去追求个人的梦想和目标。

（4）缺乏持续的动力和支持：没有足够的激励和资源，我们可能会在追求目标的过程中失去动力。

要克服这些挑战，我们需要采取一系列策略。首先，需要确保我们的目标与个人的价值观和热情相一致，这样我们才能找到实现它们的意义和动力；其次，制订一个明确的行动计划，包括短期和长期的目标以及实现这些目标的具体步骤；再次，学习有效的时间管理技巧，以便在日常生活中为追求梦想腾出空间；最后，寻找持续的动力和支持，比如加入相关的社群、寻找导师或者与志同道合的朋友一起努力。

2.4.1　目标承诺：让梦想照进现实！

有梦想和目标的人很多，但真正能够坚持到底的人却很少。目标承诺度的

高低是实现目标的关键因素，它决定了我们是否能够在面对困难和挑战时依然坚持不懈。

目标承诺是实现目标的基础，它受到期望、价值、等效性三个因素的影响。目标承诺体现了我们对个人目标的重视程度，它对于实现目标至关重要。

为了提高目标承诺度，心理学家提出了 3 种心理策略：

（1）沉溺于未来：通过积极幻想未来成功的场景，激发内在动力。

（2）沉溺于现实：关注当前的行动和进展，保持脚踏实地。

（3）心理对照：将梦想与现实障碍进行对比，唤醒我们内心的能量，这是最有效的策略。

而承诺度高的人更容易完成目标，他们具备以下能力：

（1）对困难目标表现良好：他们能够在面对挑战时保持积极态度，不断寻找解决方案。

（2）更努力实现目标：他们愿意投入更多的时间和精力以确保目标的实现。

（3）对困难和失败有抵抗能力：他们能够在遇到挫折时迅速恢复，继续前进。

（4）做出目标一致的行动：他们的行动与目标保持一致，确保每一步都朝着目标迈进。

（5）抵制诱惑：他们能够抵制那些可能分散注意力的诱惑，保持对目标的专注。

假设我们的目标是减肥并保持健康的生活方式，以下是如何实现目标承诺的步骤：

（1）明确目标：决定减重 20 磅，以改善健康和自我感觉。

（2）行动计划：制订详细的饮食计划和每周的锻炼日程，包括每天的卡路里摄入量和每周的锻炼次数。

（3）自我效能感：通过参加健身课程并成功坚持一个月来增强信心。这种小步骤的成功可以帮助我们增强实现更大目标的信心。

（4）监控与调整：每月监测体重和体脂变化，根据效果调整饮食和锻炼计划。如果发现某个月的进展不如预期，我们可能需要重新评估饮食计划或增加锻炼强度。

通过这样的过程，个体不仅能够更坚定目标，而且能够通过实际行动来逐步实现目标。然而目标承诺不是一成不变的，它需要我们不断地自我反思、调整和努力。

自我决定理论的创始人德西和瑞安通过研究揭示了一个关键的心理学原理：人们的行为改变通常受到三类不同动机的驱动，而这些动机直接影响了我们坚持目标的能力，如图 2-16 所示。

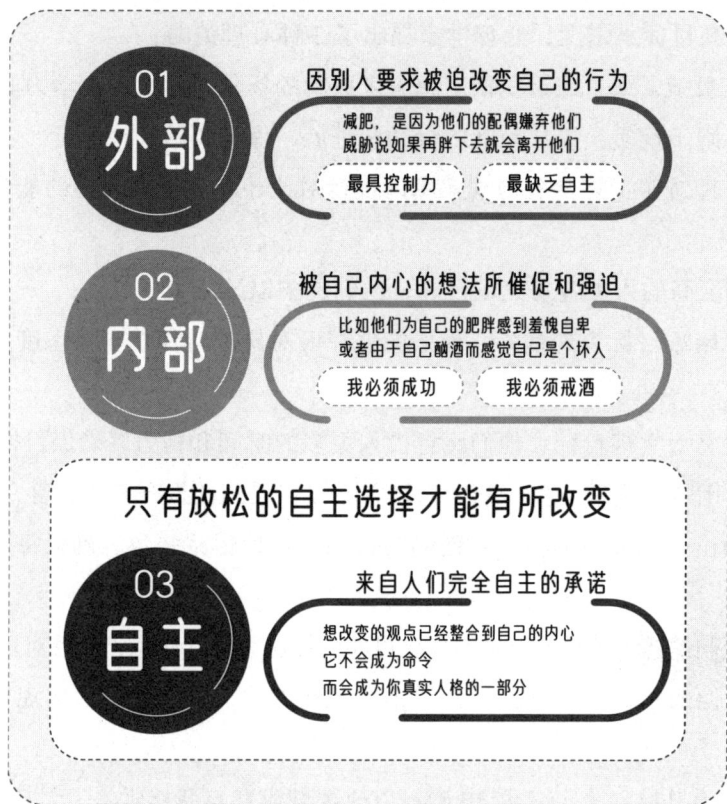

图 2-16 改变人们行为的三类动机

（1）外部动机：这种动机源自外部压力或他人的期望。例如，一个人可能因为伴侣对自己的不满而被迫减肥。这种动机虽然可能促使其立即行动，但缺乏内在的自主性，因此很难长期维持。

（2）内部动机：即使动机来自内心，它也可能带有自我强迫的色彩。一个人可能因为对自我形象的不满而感到羞愧，从而推动自己去改变。然而，这种基于自我批评的动机往往不可持续，因为它建立在负面情绪之上，容易导致自我挫败。

（3）自主动机：这是最有效且持久的动机。它源于个人真正的需求和愿望，如为了健康和生活质量而减肥。这种动机来自个人对改变的深刻理解和内在的价值观，因此更有可能带来持久的行为改变。

为了成功实现目标，重要的是培养自主动机。这意味着我们需要识别和减少那些基于恐惧、羞愧或自我批评的内摄价值观。例如，将"我必须减肥"转变为"我想要更健康，这样我可以更好地享受生活"。

此外，我们应该避免陷入自我卷入和自我批评的循环。当我们对自己的行为施加压力时，我们可能会产生抗拒，这最终会削弱我们成功的可能性。相反，通过接受自己，关注内在的愿望，我们可以更有效地实现我们的目标。

最终，我们需要认识到，无论是理智脑还是情绪脑，它们都是我们自身的一部分。当我们将它们视为对立的上下级关系时，就会产生内在的冲突。我们应该学会将这些部分视为一个团队，共同工作以实现我们的目标。通过这种方式，我们可以减少自我批评，增加自我接纳，从而更有效地推动自己向前发展。

这种自我增强的循环不仅推动我们在职业上取得成功，也让我们在生活中感到更加充实和满足。当然，金钱在实现目标的过程中扮演着重要角色，它不仅是获取资源的手段，更是一种奖励和认可。但我们也应该认识到，金钱不是生活的全部，而是交易的媒介。成功的秘诀之一是立即开始行动，不要让"如何谋生"的纠结阻碍了你的计划。在追求目标的同时，保持生活的平衡同样重要。不要让谋生的重担和项目的需求混为一谈，否则两者都会受到影响。此外，想象力和专业知识的结合是执行项目的关键。将专业知识转化为可操作的计划，并仔细评估信息来源，以确保决策的准确性。

目标承诺是实现梦想的桥梁，通过理解不同类型的动机，培养自主承诺，我们可以更好地实现梦想。

2.4.2 目标工具：3 个模型 9 个步骤，将压力变为动力

目标的设定对我们至关重要，它们能提高工作效率，因为有了目标，我们的注意力就能更集中于与目标相关的事物上；它们还能增进心理健康，带来积极情绪，提高生活满意度。有时候，追求目标的旅程比达到终点更加令人愉悦。

那么，这些目标究竟源自何处？它们与我们的需求、期望和文化背景紧密相连。还记得我们在第一章提到的"自我决定论"吗？它揭示了驱动人类行为的三大核心心理需求：自主需求、能力需求和归属需求。我们之所以会设定并追求特定的目标，其最根本的源头，正是为了满足这些深层次的内在需求。尤其是自主的需求，它是激发我们内在动机、使我们全身心投入、享受过程、展现最佳自我的关键。

比如，学习英语可能是为了在国外旅行时有更多的掌控感（自主），或者是为了让自己或他人感受到成就感（能力），又或者是为了拉近与英语课上的某个人的关系（归属）。

然而，那些我们认为的目标——财富、名誉、地位和美貌——往往只是社会环境灌输给我们的价值观。社会大环境无形中限制了我们的自主，父母、经理、老师或医生，他们作为社会代理人，传递给我们社会的价值观和道德观。真正的自主意味着我们的行为来自自己的真正选择，根据自己的意愿行事，凭借自己的意志做事，而感到自由。

目标是我们认知世界的一种方式，我们希望它们能够有层次地组织起来。它们可以是近期目标、短期目标或长期目标。短期目标可能有很多，但它们都在更大的系统内相互联系，这个更大的系统就是我们的高阶目标。

面对挑战，有些目标能让我们坚持不懈，而有些则可能让我们感到无助和沮丧。这些目标，往往源自我们身边的各种信号和提示，它们悄悄地告诉我们，什么是我们真正想要追求的。

那么，我们该如何设定目标呢？这里有三个模型推荐给你，它们将帮助你找到那些真正属于你的目标，让你在追求中找到真正的自由和满足。让我们一起探索那些能够激发我们内在动机的目标，使它们成为我们前进的动力。

1. 高效目标设定：SMART 原则

SMART 原则，源自乔治·多兰（George T. Doran）在 1981 年发表于《管理评论》（*Management Review*）的文章中，是一种帮助个人和团队设定和实现目标的有效框架。SMART 是五个英文单词的首字母缩写，代表了以下五个指标：明确具体（Specific）、可衡量（Measurable）、可实现（Attainable）、相关联（Relevant）、有时间限制（Time-bound），如图 2-17 所示。

图 2-17　SMART 原则

S = Specific（明确具体）——目标需要像指南针一样指向明确。例如，"我想提升我的公开演讲技巧"可以改为"在接下来的三个月内，我将参加每月至少一次的演讲俱乐部活动，以提升我的公开演讲技巧"。

M = Measurable（可衡量）——目标的进展需要能够量化。继续上面的例子，"每次演讲结束后，我将根据观众反馈和自我评估，给我的表现打分以跟踪进步"。

A = Achievable（可实现）——目标应该是具有挑战性的，但同时也要确保是可达成的。如果你之前很少公开演讲，那么设定一个逐步增加的目标，比如"第一个月，我将作为听众参加，并在每次会议结束时进行简短的发言"。

R = Relevant（相关联）——目标需要与你的职业发展或个人成长紧密相关。例如，"通过提升我的公开演讲技巧，我希望能够更自信地在职场中表达我的想法，从而增加晋升的机会"。

T = Time-bound（有时间限制）——给目标设定一个明确的截止日期。比如，"我将在接下来的三个月内，通过定期参加演讲俱乐部的活动，达到我的目标"。

通过 SMART 原则，你的目标设定将变得更加科学和系统化，帮助你清晰地规划每一步，确保你的努力能够带来实际的成果。

2. 解决问题的金钥匙："5W2H"七问分析法

"5W2H"七问分析法，是一种全面而系统的问题解决工具。它帮助我们从不同角度审视问题，确保没有遗漏任何关键要素。使用"5W2H"七问分析法，你将能够清晰地定义问题、规划行动和有效执行。这 7 个问题包括：做什么（WHAT）、为什么做（WHY）、谁做（WHO）、何时做（WHEN）、在哪里做（WHERE）、如何做（HOW）、做多少/成本多少（HOW MUCH），如图 2-18 所示。

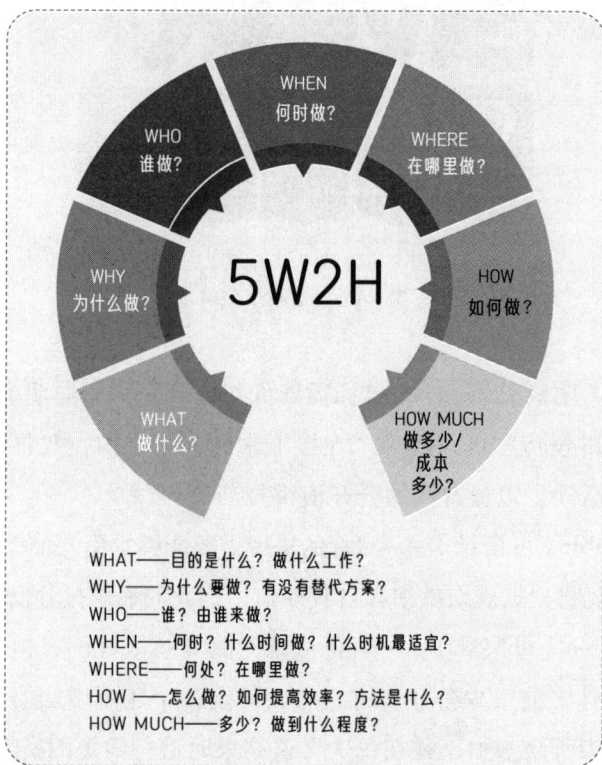

图 2-18 "5W2H"七问分析法

这种分析法最早由"二战"中美国陆军兵器修理部首创。它简单、方便，易于理解、使用，富有启发意义，广泛用于企业管理和技术活动，对于决策和执行性的活动措施也十分有用，有助于弥补考虑问题的疏漏。

"5W2H"七问分析法不仅是一种思维工具，更是提升个人和职业能力的秘密武器。无论是在职场上的项目决策，还是日常生活中的复杂情境，它都能帮助你深入挖掘问题的本质,清晰地识别关键因素,从而游刃有余地应对各种挑战。

以产品改进为例,假设你是一位产品经理,需要通过以下 7 步改进一款产品:

WHAT——我们要改进产品的功能,以满足用户需求。

WHY——现有功能无法满足部分用户的特定需求,导致用户满意度下降。

WHO——产品团队和技术团队将共同负责这项工作。

WHEN——我们将在未来三个月内完成改进。

WHERE——改进工作将在公司的研发中心进行。

HOW——通过用户调研和市场分析,确定改进方向。

HOW MUCH——预计投入研发资金约 10 万元,目标是至少提高 15%的用户满意度。

通过"5W2H"七问分析法,你可以确保每个决策和行动都是经过深思熟虑的,从而提高成功的可能性。

3. 层层深入,目标拆解:剥洋葱法

剥洋葱法,形象地将终极目标比作洋葱的核心,而围绕这个核心的每一层代表一系列逐步达成的小目标,如图 2-19 所示。

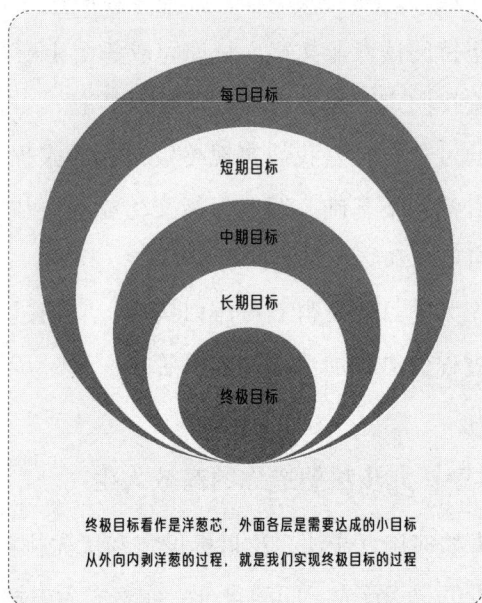

图 2-19 剥洋葱法

这个方法通过一层层地揭开目标的外衣，从外围向内里深入，直至触及目标的核心。它使我们能够将一个庞大的目标拆解为可操作、易实现的小目标，这样做不仅降低了实现的难度，还提高了执行的效率。

剥洋葱法的优势在于，它不仅帮助我们清晰地识别和理解目标的各个组成部分，确保每一步都是朝着最终目标迈进的；还有助于我们发现潜在的挑战和问题，提前规划应对策略。

如何使用剥洋葱法？

（1）确定大目标：首先，明确你的最终目标是什么。

（2）识别关键要素：思考实现这个目标需要哪些关键的步骤或条件。

（3）拆解成小目标：将每个关键要素拆解成一个个小目标。

（4）制订行动计划：为每个小目标制订具体的行动计划。

（5）执行与评估：执行行动计划并定期评估进度，必要时进行调整。

让我们以"提升个人专业技能"为例，具体展示以上步骤的应用：

（1）终极目标：提升个人专业技能。

（2）长期目标：获得行业认证或完成高级培训课程。

（3）中期目标：完成特定的在线课程，参与专业研讨会。

（4）短期目标：坚持阅读专业文章，每周完成一个小项目。

（5）每日目标：安排固定时间学习，记录学习笔记。

从外向内剥洋葱的过程，正是我们实现终极目标的旅程。每日目标是洋葱的最外层，为实现短期目标打下基础。短期目标又构成了通往中期目标的步骤，而中期目标则是实现长期目标和终极目标的桥梁。

剥洋葱法让一个庞大的目标变得不再难以实现，它通过一系列切实可行的小目标，让实现目标的过程变得更加清晰和容易管理。每一步的实现，都是你向终极目标迈进的坚实脚步。

4. 目标与优先排序：九步法塑造你的高效人生

让我们一起来看看如何用九步法，让目标设定和优先排序变得既简单又有趣！

（1）明确自我与价值观：首先，问问自己，你想成为怎样的人，你的价值观是什么。记住，没有根植于价值观的目标，就像没有灵魂的舞蹈，缺乏真正的生命力。

（2）设定真正的目标：接下来，确定你真正想要达成的目标。这些目标应该基于你的价值观，像灯塔一样指引着你的注意力，专注于短期一年和长期五年的规划。

（3）拆解目标，制订行动计划：将你的五年大目标拆解成年计划，再细化到月计划，最终转化为每日的行动步骤。这就像是将一段复杂的舞蹈分解成一个个简单的舞步。

（4）固定时间，进行优先排序：为自己设定一个固定的时间表，比如每年一天、每月三小时、每周一小时、每天二十分钟来专门进行优先排序。这将帮助你养成良好的习惯。

（5）列出待办事项：把想到的所有任务都列出来，不要担心它们的顺序。

（6）挑选重点任务：运用 80/20 法则，圈出那 20%最重要的任务，它们会给你带来 80%的成果。记住，优先排序是一项技能，需要不断练习才能精通。

（7）确定最关键的任务：80/20 法则还有更深层次的应用，每个 80/20 中还包含着另一个 80/20。如果你有五个优先事项，再次应用这个法则，找出最关键的那一个。

（8）先做最重要的事：每天完成的第一个任务，应该是最重要的任务。

（9）为任务设定度量指标：大脑喜欢度量标准，尤其是那些可以公开展示的。但别忘了，只有关注真正重要的指标，你才能确保自己正在朝着正确的方向前进。

现在，你已经掌握了这种九步法，可以开始系统地规划与执行自己的目标了。请记住，每一次小的进步都在带你迈向成功。

2.4.3 目标匹配：发现并追求真正适合你的目标

人生就是不断升级打怪、实现各种目标的过程。在设定个人目标时，选择适合自己的目标类型对于成功至关重要。无论是面对日常的减肥、健身、戒烟，还是人生中的重大抉择如考研、升职、创业，我们都需要根据情况选择进取型或防御型目标，并运用"为什么"与"是什么"的思考方式来优化目标设定。

社会心理学家海蒂·格兰特·霍尔沃森在其著作《如何达成目标》中，深入探讨了帮助人们有效实现目标的策略。她区分了目标的不同类型：进取型与防御型，以及展示才华型与谋求进步型。此外，她还介绍了"为什么"和"是什么"的思维方式，这两种思考模式对于如何设定和追求目标至关重要。霍尔沃森强调：

每个人的情况都是独特的，我们应根据自身情况选择最适合自己的目标类型和思考方式，而不是盲目地模仿他人的成功路径。通过这种方式，我们可以更精准地设定目标，提高实现它们的成功率。

梦想家问"为什么"，实干家问"是什么"，你属于哪一类？

在设定目标时，我们的思维方式对成功至关重要。"为什么"式的思维让我们专注于目标的吸引力和潜在好处，激发我们追求那些令人兴奋、快乐和有益的目标。这种思维方式有助于我们理解追求目标的动机，但它也可能使我们忽视了实现目标的具体步骤和面临的挑战。

相对地，"是什么"式的思维则要求我们关注目标的具体内容和实现路径，这种思维方式有助于我们评估目标的可行性和必要的行动步骤。它使我们能够细致地规划如何实现目标，从而提高达成目标的效率。

在刚开始设定目标时，我们往往充满热情和期待，但随着时间的推移，尤其是当目标日期临近时，我们可能会感到焦虑和恐慌。这通常是因为我们在初期只考虑了目标的吸引力（为什么），而没有充分考虑实现目标的具体方法（是什么）。

为了避免落入这种陷阱，我们应该在设定目标时同时考虑"为什么"和"是什么"。这意味着在追求目标的过程中，我们既要有梦想和激情，也要有计划和行动。通过这种方式，我们可以确保目标既具有吸引力，也具有可实现性。

用"是什么"的方式思考目标，可以帮助我们专注于实现目标所需的具体行动，从而更快地达成目标。而如果我们过度专注于"为什么"，可能会在行动上拖延，由于缺乏明确的行动计划。因此，为了有效实现目标，我们需要平衡这两种思维方式，确保我们既有追求目标的动力，也有实现目标的策略。

以下是如何根据具体情况选择进取型目标或防御型目标，以及如何运用"为什么"与"是什么"的思考方式来优化目标设定的策略：

（1）面对轻松的目标：当任务简单、直接或熟悉时，展示能力型的绩效目标最为有益。此时，进取型目标能激发我们的积极性，因为我们有信心取得成功。此时，我们应该思考实现目标后能获得的好处以及这些好处与个人希望、梦想和抱负的关系。

（2）面对有难度的目标：当任务变得复杂或不熟悉时，需要额外动力，此时采用"为什么"的思考方式来点燃热情，我们可能需要从宏观角度思考，这时选择防御型目标，关注失败可能带来的损失，可以增强我们的动力和专注。面对诱惑，防御型目标有助于防止拖延、具体化目标、想象失败的后果以增强我们的抵抗力和专注力。

明确的目标设定是关键。具体的目标（如"减肥 2 千克"）比模糊的目标（如"减肥"）更有效，因为它们让我们清楚地知道成功的样子，从而保持动力。通过理解"为什么"和"是什么"的目标设定方法，我们可以更全面地理解目标，从而更有效地规划和执行。这要求我们不仅要有明确的目标和坚定的意志，还要有对目标的深入理解和合适的策略。通过这些方法，我们可以提高实现目标的概率，推动个人成长和生活的进步。最终，为了实现真正的、持久的幸福，我们应该选择满足关联感、能力感和自主感的目标，而不是单纯追求名声、威望和财富。

目标设定是一个打磨的过程，需要不断地调整，直到目标与个人完美契合。心理对照通过对比梦想与现实，帮助我们专注于必要的行动，从而激发动力，实现目标（这部分在第 3 章会有更详细的策略）。

能量补给站

丹尼尔·卡尼曼. 思考，快与慢[M]. 北京：中信出版社，2012.

李笑来. 通往财富自由之路[Z]. 北京：得到 APP 专栏，2016.

周岭. 认知觉醒：开启自我改变的原动力[M]. 北京：人民邮电出版社，2020.

大卫·邓宁. 为什么越无知的人越自信：从认知偏差到自我洞察[M]. 北京：中译出版社，
　　2022.

老子. 道德经[M]. 北京：中华书局，2022.

罗伯特·迪尔茨. 语言的魔力：用语言转变信念的神奇旅程[M]. 长春：北方妇女儿童出版
　　社，2016.

史蒂夫·乔布斯. 斯坦福大学的毕业演讲[Z]. 2005.

古典. 你的生命有什么可能[M]. 长沙：湖南文艺出版社，2014.

史考特·亚当斯. 我的人生样样稀松照样赢："呆伯特"的逆袭人生[M]. 北京：中国人民大
　　学出版社，2017.

肯·罗宾逊，卢·阿罗尼卡. 发现你的天赋：天分与热情成就幸福人生[M]. 杭州：浙江人
　　民出版社，2015.

爱德华·伯克利，梅利莎·伯克利. 动机心理学[M]. 北京：人民邮电出版社，2020.

海蒂·格兰特·霍尔沃森. 如何达成目标[M]. 北京：机械工业出版社，2019.

第3章

梦想启动——

从愿景到行动，开启你的成功之旅

3.1 目标达成：用"如果……那么……"构建你的行动地图

3.1.1 目标拆解：简单几步，将大梦想化为小行动

当我们满怀希望地定下类似"减肥"的目标，却常常发现自己在这样的问题上反复跌倒。这种连续的挫败感可能会侵蚀我们的自信心，甚至让我们感到自己是个失败者。

1. 拆解梦想：从宏伟愿景到切实行动

要实现这种改变，关键在于识别并迈出正确的第一步，全力以赴地达成这个初步目标，然后停下来回顾你的进展，在接下来的每一步中，不断重复这一过程。

我们深知，采取小步快跑的方式比制订宏大的计划更为实际。但我们为何总是被那些宏伟的梦想所吸引？因为它们比起微小的进步，更能激发我们的热情。

以健身为例，单纯计划去健身房可能并不那么令人兴奋。但想象一下如果减掉 10 公斤，赢得朋友们的赞叹，那份成就感就截然不同了。

如果我们将所有精力都投入追求那些遥远的梦想，可能会适得其反。因为梦想的实现是一个漫长的过程，如果感觉目标太过遥远，不能得到及时的反馈，就可能让人感到沮丧，失去动力，甚至在目标达成之前就已经放弃。

2. 小步骤的实践与大脑奖励机制

在小步骤的实践过程中，许多人认为自己已经朝着目标迈出了一小步，但其实他们的步子还不够小。因为对于每个人来说，"小"的真正含义都是不同的。

当被要求列出完成某事的步骤时，大多数人可能会想出 3 到 10 步，而不考虑目标的大小。规划的步骤太大，容易让人半途而废。对于步骤、计划、目标和梦想，我们可以按照图 3-1 的分类做一个时间上的界定，这样你就能清楚自己规划的是梦想还是实际的步骤。

如何界定时间，因人而异，独立工作或团队合作也会有所不同。但通常的关键在于最后的步骤要在 2 天内就能完成。

	3个月以上
梦想	设定为3个月以上的远景规划
长期目标	1~3个月 制订1~3个月的中期计划
短期目标	1周到1个月 规划1周到1个月的近期目标
计划	1周内 安排1周内的详细行动方案
步骤	1~2天 确定1~2天内的具体执行步骤

图 3-1　把大的梦想拆成小的步骤

有了梦想，就要拆解成目标；有了目标，就要细化成计划，计划才是关键。当你制订了一周内的计划，就需要暂时忘记梦想，专注于完成具体的步骤。

神经科学的研究人员发现，如果一个人期望得到小的或者中等大小的奖励，最后得到了中等的奖励，其大脑就会释放多巴胺。但如果有人期望获得中等的或大的奖励，最终得到了中等的奖励，那么大脑就不会释放多巴胺。这说明，人们感觉良好并不取决于其实际成就，而取决于他们期望达到的成就。

面对目标，我们总是容易把目光投向远方的结果却忽略了脚下的路。这正是目标容易设定却难以实现的原因。当把注意力从结果转移到过程上时，你会发现，其实你缺少的不是动力，而是一个清晰的计划。

你是否已经为自己设定了明确的行动计划？如果还没有，现在是时候开始行动了。心理学家彼得·戈尔维策提出了一个极其有效的方法，能够显著提升你实施计划并达成目标的可能性——利用"执行意图"来精准设定你的目标。这种方法通过明确具体的行动意图，帮助你将目标转化为可执行的步骤，从而提高实现目标的成功率。

执行意图能够将我们从漫无目的的幻想中拉回到现实，从模糊不清的愿景中勾勒出明确的行动路线。它引导我们从"做什么"的疑问转变为思考"怎么做"的具体方案。彼得·戈尔维策将这种"如果……那么……"的计划方法称为"执行意图"

(也叫"速成习惯"),这是一种有意识地创建"自动化程序"的策略。执行意图通过具体行为与特定情境建立联系,帮助我们把模糊的目标转化为明确的行动方案。

与我们通常的习惯不同,这类"速成习惯"旨在助力我们实现目标,而不会成为前进道路上的阻碍。它们通过明确触发条件和预定反应,帮助我们在关键时刻自动采取正确的行动,从而更有效地达成我们的目标。

3.1.2 为什么"执行意图"这么有效呢?

当我们设定了目标之后,就应该着手采取小步骤的行动。在这个过程中,我们的思维模式需要从目标设定时的决策和领导思维,转变为执行时的行动思维。执行意图之所以有效,是因为它帮助我们减少分心,有效地避免了在执行过程中重新考虑决策的问题,从而简化了决策过程。它通过一个简单的触发机制来引导我们的行动,并预设可能的突发事件,为这些情况准备多个应对方案,如图 3-2 所示。通过这种方式,我们可以减少拖延,高效地采取行动,最终完成每一个小的步骤,从而快速推进总目标的实现。

图 3-2　执行意图的作用

1. 执行意图可以明确你的计划步骤

利用"如果……那么……"的框架，你可以将目标实现的路径变得更加明确和具体。通过将特定的时间和地点纳入计划，你的行动计划将变得更加清晰，执行起来也会更加顺畅自然。它不仅能够帮助你克服行动上的障碍，还能助力习惯的养成，使你的计划更加明确和细致。

这种策略巧妙地利用了心理学中的时空绑定原理，类似你对未来的自己做出承诺。随着时间的推移和行动的重复，这些行动将逐渐变成习惯，成功也就显得水到渠成。

创建执行意图的格式可以是："当 A 情况发生时，我将采取 B 行动。"

举例：

（1）把"我要提高工作效率"改为"如果我早上 9 点坐在办公桌前，那么我将立即开始处理最重要的工作任务"。

（2）把"我要学习一门新语言"改为"如果我每天晚上 8 点到家，那么我将花 30 分钟通过应用程序学习新语言"。

（3）把"我要增加阅读量"改为"如果我在睡前有 30 分钟的空闲，那么我将阅读至少 15 页书"。

2. 执行意图简化了决策过程，释放了行动力

你的每一天，是不是被各种决策挤得满满当当？从微不足道的日常琐事到重大任务的抉择，每一个决策都在考验你的意志力。而意志力就像肌肉，用过了头就会感到疲惫。如果连生活中的点点滴滴都需要它来推动，那么你的能量很快就会被耗尽，你的行动力也会随之下降。

此时就是执行意图大展身手的时候——它简化了你的决策过程，让你能够直接行动。对于那些你明确知道应该做却又不太想做的事情，执行意图就像是给你的大脑预装了一个反应模块，让你的潜意识能够迅速做出相应的行动，而不需要每次都动用宝贵的意志力。

想想那些让我们耗费精力的小事情，比如纠结于"今天是早上跑步还是傍晚跑步？"这样的问题。使用"如果……那么……"的公式可以大大简化日常决策，减少在小事上的精力消耗。以下三个案例展示了如何应用这一策略来进行自动化决策过程。

原始思考："我今天应该什么时候复习笔记？"

简化决策："如果现在是周末的早上，那么我将在早餐后立即复习笔记。"

原始思考："我应该在哪个时间段回复电子邮件？"

简化决策："如果我坐在办公桌前，并且现在是下午 2 点到 3 点之间，那么我将集中时间回复电子邮件。"

原始思考："我今天是否应该带午餐去工作？"

简化决策："如果天气预报预报明天会下雨，那么我将提前准备好午餐并带到工作场所。"

通过这种方式，你可以将日常决策转化为自动化的习惯，从而减少在决策上的犹豫和焦虑，使自己能够更加专注于更重要的事务。

就像扎克伯格总是穿灰色 T 恤一样，他这样做是为了简化生活，避免在穿衣上花费太多精力做选择，从而可以把节省下来的精力用在更重要的事情上。执行意图正是起到了这样的作用——它帮助我们简化思考，释放我们的行动力。

"如果……那么……"的计划，可以让我们把更多的精力集中在真正重要的事情上，而不是在那些小事上浪费宝贵的意志力。这样，我们就能更有效地实现我们的目标，更接近我们的梦想。

3. 执行意图让心锚启动，行动自然到来

我们的大脑就像一张精细的网，每个决策和行动都能在上面找到连接点。而执行意图，就是在这个网络上设置的路标，引导我们走向目标。它能够触发心锚，即一种心理状态的提示触发，让我们在满足特定条件时，自然而然地行动起来。

心锚是条件反射的一种，它的形成依赖于将一个强烈的情绪体验与一个反复出现的信号紧密联系起来。这种联系一旦建立，就形成了一种强有力的心理链接，如图 3-3 所示。

通过"如果……那么……"的模式来设定心锚，其中"如果"代表触发信号，"那么"代表预期的行为。在情绪高涨时，大脑更容易记住这种联系，并在触发信号出现时迅速做出反应。这就好像在大脑中安装了一个自动触发器，条件一旦满足，潜意识就会自动引导我们采取行动。

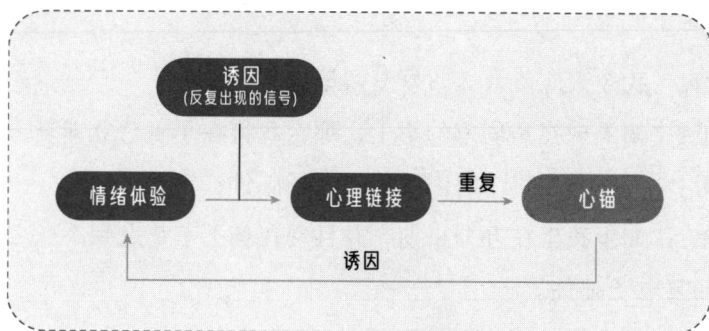

图 3-3　心锚建立的过程

利用心锚，我们可以设置自己的心理状态，用它来培养习惯并形成规律性的行为模式。只要条件一满足，相应动作就会触发。经过一定次数的积累，习惯自然而然就养成了。

想象一下，每当你看到健身房，"如果"这个场景出现，"那么"你就开始热身运动；每当夜幕降临，"如果"你看到床，"那么"你就准备进入梦乡。这些简单的"如果……那么……"模式，就是心锚在起作用。

因此，让我们用执行意图来种下心锚，让行动变得自然而然。不再需要苦思冥想、纠结挣扎，只要条件一到，你的身体便会自动执行预定的行动。这样，我们就能更轻松地培养出良好的习惯。

4. 执行意图通过心灵演练，让行动成为条件反射

你的大脑是一个神奇的地方，它可以在行动之前就进行一场完整的预演。执行意图借助心灵演练，让你能够预见挑战，制定策略。这不仅仅是一种准备，还是一种让成功变得自然而然的艺术。

在脑内提前想好可能发生的情况，然后想象一个救场措施。心灵演练就是做事前的全面设想，将自己置于未来的场景之中，预演各种反应并通过心理确认正确的行为。在心里反复练习，直到这些行为变得根深蒂固，这样一旦行动起来，就能事半功倍。

在这些设想的情境中，想象自己解决问题的过程，就相当于在脑海中准备好了预案。通过多次练习，当这些场景真实出现时，你就能够自然而然地按照预演的步骤来应对。

心灵演练不仅能帮你调整情绪，还可以用来适应那些让你感到陌生的场景。它是一种心理上的排练，使你在真实生活中的表现更加从容不迫。

就像谢霆锋在综艺节目中被问到的那样：如果演唱会上忽然忘记歌词了怎么办？他的回答是，他会把话筒递给观众。这是一个完美的执行意图示例，一个应对突发事件的即兴策略：如果"演唱会上忘词"，那么"我就把话筒递给观众"。

心灵演练不是简单的空想，而是一种积极的心理训练技巧。它涉及有意识地在脑海中模拟特定的情境、挑战以及应对策略，从而帮助我们准备和适应可能发生的情况。

通过心灵演练，我们可以：

（1）提高应对能力：在安全的内心世界中，我们可以预演各种困难和挑战，提前准备解决方案。

（2）增强自信：通过在想象中成功地克服障碍，我们可以增强自信，相信自己在现实中也能应对自如。

（3）改善表现：运动员和表演者经常使用心灵演练来提高他们的表现，通过想象完美的动作和结果来提升技能。

（4）调节情绪：心灵演练还可以帮助我们在面对压力或焦虑时，调节情绪，保持冷静。

（5）习惯养成：通过反复在心中模拟积极的行为，我们可以逐渐将其转化为习惯。

心灵演练是一种实用的工具，它帮助我们在心理层面上为现实生活中的行动做好准备，让我们能够更加自信、从容地面对各种情况。用心灵演练来提升执行力，通过在脑海中预演各种可能的场景和应对策略，可让行动变得更加自然和流畅。

5. 执行意图：预备方案的智能导航

告别意志力的搏斗，执行意图可以带你轻松前行！它不仅仅是一个目标设定，更是一个行动的智能导航系统。用"如果……那么……"的方式，提前在大脑中设定行动场景模式，一旦触发场景，预设的行动模式便会自动启动，无须犹豫，直接行动。

要想做好目标规划，首先要区分一下目标意向与执行意向。在图 3-4 中可以清楚地识别：目标意向是关于计划结果的宣言，比如"我今天要完成写作"；执行意向则是关于计划细节的精确部署，包括了时间、地点和方式的具体安排。

图 3-4　目标意向与执行意向

执行意向可以缩小目标意向与实际行动之间的差距。目标意向加上执行意向比仅有一个意向，更容易让你实现目标。

因此，让我们用执行意图来制订多个预备方案，用"如果……那么……"的模式，为不同的场景预设行动计划。这样无论遇到什么情况，你都能迅速自信地应对。执行意图，让你的目标规划更加高效，让你的行动更加简单。

3.1.3　精准规划："如果……那么……"让目标触手可及

设定目标只是成功的起点，实现目标才是我们的终极追求。执行意图是一种将具体行为与特定情境联系起来的方法，能有效触发我们的行动。它让我们确定一个具体的行为反应，并将其与一个特定的情境暗示联系起来，从而触发我们的行动。

如果你看到电梯，那么你就选择走楼梯；如果你冲好咖啡，那么你就坐下来开始写作。这些简单的"如果……那么……"模式，就是执行意图在起作用。

新目标的实现总是充满挑战，但执行意图能帮助我们克服障碍，找到启动目标的动力和能力，坚持目标，改掉不良习惯，控制住冲动情绪。

执行意图的优势：

（1）提高行动概率：降低开始执行困难或不愉快任务的阻力。

（2）增强坚持度：帮助我们在追求目标时保持专注和持久。

（3）培养新习惯：通过日常计划促进新行为模式的形成。

（4）管理心理状态：有助于调控情绪，避免形成干扰目标实现的消极思维。

当然，执行意图也有它不好的一面。它可能导致我们过于关注一个方案，而放弃其他可能性。因此，在制订执行意图之前，确保它是一个好计划至关重要。

为了提高目标规划的质量，我们可以考虑以下两个因素：

灵活性：具体的目标更容易实现，但也要保持一定的灵活性，避免过于死板导致疲惫。

问责制：增强责任感的方法，比如把目标计划写下来或者把目标告诉别人，这样可以满足我们的归属需求，同时让他人见证我们的成长。

首先，明确你的行动步骤。实现目标从清晰具体的计划开始。避免模糊不清的指令，比如"少吃点"或"多学点"，而是制订像"每晚至少学习 4 个小时"这样明确的计划。

接下来，决定时间和地点。具体化每一步的时间和地点，这不仅能帮助你的大脑捕捉机会，还能在你意识不到的时候，为你抓住行动的最佳时机。

现在，把这一切整合成一个"如果……那么……"的计划。"如果……那么……"的计划方式作为执行意图的核心，可以帮助我们在特定的情境下自动启动预设行为。比如："如果是工作日的晚上，那么我就在房间里至少学习 4 个小时。"把这些计划写下来，或者反复告诉自己，让潜意识吸收它们。

研究显示，详细的计划对实现目标至关重要。大多数人认为有概括性的计划就足够了，但他们忽略了重要的细节。高效的计划应该清晰阐明要做什么、在哪里做以及怎么做。

一个有效的计划，不是简单的"少吃"和"多运动"，而是要具体到每一个行动的细节。正如本杰明·富兰克林所说："没能做好准备，你就要准备好失败。"

"如果……那么……"的计划不仅能帮助我们在不可预知的障碍面前保持坚韧，还能让我们在实现目标的路上走得更稳、更远。

3.2 梦想与现实的和谐：学会心理比对，让目标触手可及

3.2.1 梦想与现实的交响曲：积极思维的"双刃剑"

生活中，我们常常被各式各样的"积极思维"所包围，它们像温暖的阳光，照亮我们的心灵。这些心灵鸡汤的核心理念似乎总是一致的：专注于事物美好的一面，在逆境中保持乐观，坚守梦想。

无论是减肥、升职，还是备战马拉松，我们总是被提醒：只要想，就能实现。但真的是这样吗？加布里埃尔·厄廷根教授经过 20 多年的研究，向我们展示了"积极思维"的另一面。

通过无数的实验和调查，厄廷根教授对"凡事要乐观"的观点提出了挑战。在她的著作《WOOP 思维心理学》中，她大胆地提出：过度的乐观主义，有时反而会阻碍我们实现梦想。

这听起来似乎有些违反直觉，毕竟积极地幻想未来无疑有其好处。它能够激发我们内心深处的渴望，唤醒我们追求理想的动力。但正如一枚硬币的两面，好处的另一端往往隐藏着缺陷。

抛开过去的经历，单纯的乐观幻想并没有转化为实际的动力，没有让人变得更积极，也没有激励人们采取行动。相反，它可能成为前进道路上的阻力。

那么，问题究竟出在哪里呢？为什么乐观的态度有时会成为实现梦想的障碍？主要原因可以从以下三个方面来理解，具体内容如图 3-5 所示。

分不清真假：幻想与现实的混淆

我们的大脑在幻想未来成功时，会释放与实际成功相同的神经递质——多巴胺，这会让我们感到快乐。然而，这种生理反应有时会让我们误以为梦想已经实现，从而减少了我们为实现梦想而采取行动的动力。为了避免这种混淆，我们需要区分幻想和现实，并保持对目标的清醒认识。

无动机行动：行动的缺失

虽然乐观的幻想可以带来短暂的愉悦，但它们也可能导致我们进入一种"无压太放松区"。在这种状态下，我们可能会感到过于放松，以至于缺乏采取行动的

图 3-5　乐观阻碍梦想实现的原因

紧迫感。为了避免这种情况，我们应该将乐观的幻想与具体的行动计划结合起来，确保幻想能够转化为实际的步骤。

看不到现实：忽视潜在障碍

过度乐观可能会让我们只看到目标的积极方面，而忽视了实现目标过程中可能遇到的困难和挑战。这种乐观偏见可能会让我们在面对现实挑战时感到措手不及，甚至可能导致我们轻易放弃。为了克服这个问题，我们需要在乐观的幻想中加入现实的考量，识别并准备应对可能的障碍。

但别担心，乐观依然是我们宝贵的财富。对待梦想，我们不仅需要乐观，也需要一些现实，这意味着在乐观的幻想中应加入一些现实因素。先想象梦想成真的喜悦，再想象现实中可能遇到的挑战。通过这种正反两方面的思考，我们可以更好地将梦想与现实结合起来。

3.2.2　心理比对：梦想与现实的桥梁

我们的理想与现实之间往往存在一些障碍。要跨越这些障碍，关键在于将愿望（乐观幻想）与障碍（消极现实）结合起来，形成一种综合的视角（见图3-6）。通过这种方式，我们可以更全面地理解面前的困难，并找到克服它们的方法。

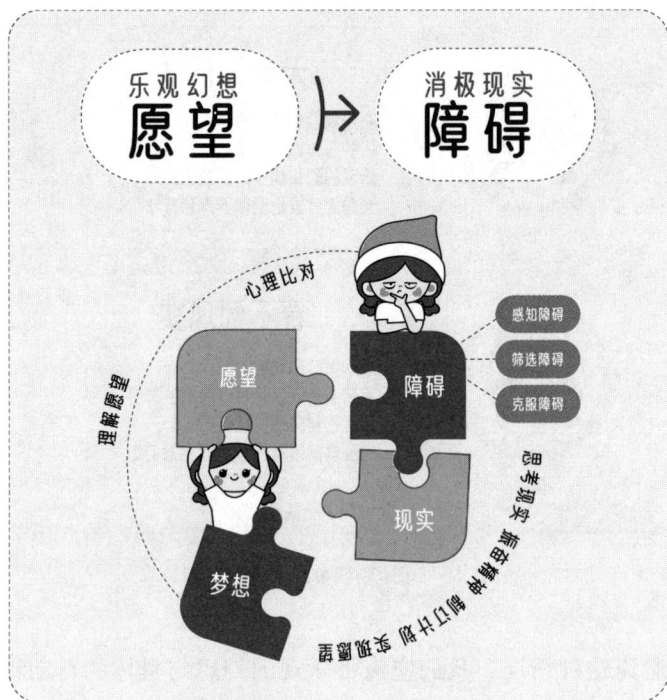

图 3-6　乐观幻想的愿望与消极现实的障碍合二为一

当乐观幻想的愿望达成后，适时地转向可能遇到的障碍，这种方法被称为"心理比对"。心理比对不仅能防止我们陷入自我催眠的惰性陷阱，还能激发我们为实现梦想而采取行动。心理比对，就是让梦想与现实对峙，帮助我们在美好的幻想与严酷的现实之间找到平衡，让梦想照进现实，让现实成就梦想。

心理比对，就像是一把钥匙，能打开梦想与现实之间的大门。它巧妙地避开了幻想可能带来的松懈，将其转化为一种强大的动力，激发我们采取行动。

这种比对不仅让我们敢于梦想，还让我们清醒地面对现实。当梦想触手可及时，心理比对就像一阵东风，助力我们迅速起航；当梦想似乎遥不可及时，它又像一盏明灯，指引我们及时调整方向。

心理比对就像是一个智能的自我调控工具，帮助我们合理分配有限的智力、精力和体力。心理比对让我们不仅仅努力实现梦想，更是以一种明智的方式去努力。

心理比对的核心在于幻想，但它不是简单的幻想。它利用幻想激发我们内心深处渴望的力量，同时巧妙地规避了幻想可能带来的负面问题。

心理比对让我们回望过去，展望未来。基于以往的经历，可以问自己一个关键问题：在对未来充满期待的同时，我们能否克服那些阻碍梦想成真的现实障碍？

如果答案是肯定的，我们的愿望便与现实在潜意识中紧密结合，激发我们向梦想进发。如果我们认为愿望遥不可及，那么梦想与现实就会渐行渐远。

心理比对在我们意识之外发挥作用，帮助我们在生活中取得实实在在的成果。如果愿望与现实之间的联系没有形成或者太过脆弱，那么幻想就不能唤起梦想成真的现实障碍，我们也就无法采取有效行动向梦想迈进。

这种意念上的联系，让我们在每次想起愿望时，都会立刻联想到那些障碍。而这些障碍又在潜意识中不断激励我们采取行动。每当梦想被唤起，现实就会被潜意识中的事实所激发，我们的脑力和精力就会向实现愿望的目标汇聚。

3.2.3　唤醒潜意识：心理比对的五大步骤

在筛选障碍的过程中，应记得一个重要的准则：不要将目光聚焦于外部条件或他人。在寻找障碍时，我们要学会向内看，深挖内心的障碍，真诚地面对自己，从而更好地剖析自己，直至找到那个最关键的障碍。我们潜意识的思考会经历 5 个步骤（见图 3-7）。

1. 过滤：清除杂念，专注于你的目标

你的大脑就像是一个繁忙的机场，而过滤就是确保正确的"航班"起飞。它能帮助你清除那些干扰你目标的杂念，使你专注于实现梦想。

2. 杠杆：期望是一股强大的力量

当你对成功的渴望足够强烈时，你的行动力也会随之增强。而心理比对可以成为你自律的工具，让你的生活更加简单，同时促进自身长期发展。

图 3-7   潜意识思考的 5 个步骤

3. 正反馈：这是打破自我限制的关键时刻

心理比对将结合你的期望，帮助你在面临选择时果断决定，向梦想的未来迈进。它为你的行动提供正向的反馈，从而激励你不断前进。

在目标实现的过程中，消极反馈也有其价值。它促使我们调整自身行为以学习新技能。然而，消极反馈的挑战在于，它可能会威胁到我们对自己的看法，影响我们对自己能力的信心，有时甚至会让梦想看起来遥不可及。人们往往倾向于忘记消极反馈而只将别人的肯定铭记于心。因为消极反馈有时会让人失去信心，热情大减。

心理比对能帮助我们更好地处理与特定目标相关的消极反馈。通过心理比对，我们可以将消极反馈转化为成长的养分，而不是使它成为阻碍。心理比对教会我们如何在困难面前保持坚韧、在挑战中找到成长的机会。

4. 平复恐惧：紧张感有时会悄悄偷走我们的行动力

此时，心理比对将派上用场！只需通过几分钟的心理比对练习，就能助你平复焦虑，摆脱不合理的幻想，化解心中的不满情绪。面对生活中那些无端的、被放大的恐惧，心理比对提供了一种简单而有效的方法帮你克服它们，让你的生活更加充实和投入。

心理比对在应对无来由的恐惧方面尤为有效。想想看，童年时一两次痛苦的看牙经历，可能会让你往后对牙医产生深深的恐惧，从而影响你的牙齿护理。但有了心理比对，你将不再害怕。当然，如果你的恐惧是基于现实的合理担忧，心理比对会帮助你正视它，并采取预防措施，从而避免潜在的危险。

我们常说，坚信自己能成功，你就能实现愿望，这也就是"心想事成"。内心动力是直线型的：越乐观，行动力越强，成就自然越多。然而，研究展示了更为微妙的视角：当我们将乐观的未来愿望与现实中的障碍结合考虑时，会激发出多种内在心理机制，帮助我们更有效地应对挑战。图 3-8 展示了在这一过程中，本能、感受、顿悟以及认知和信心等因素，是如何共同作用，助力我们实现目标的。

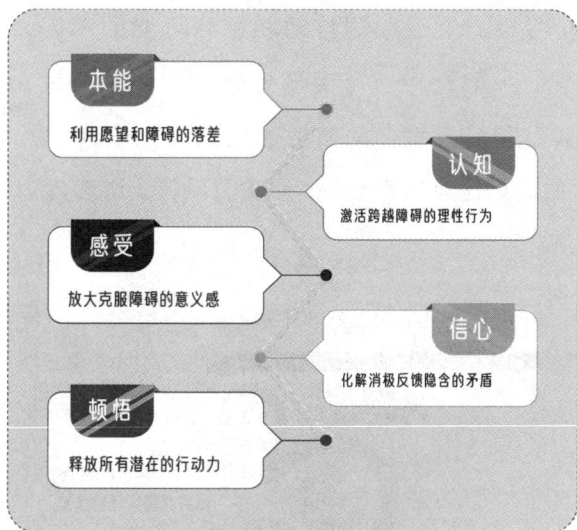

图 3-8　捆绑愿望与障碍

通过心理比对，我们不仅能让自己沉浸在美好的愿望中，同时也可清晰地看到要实现这些愿望所要面对的障碍。这种方法让我们的内心动力更加全面和深入，帮助我们在追梦的路上既充满希望，又脚踏实地。

5. 心理比对：激发行动力的高效方法

心理比对，作为激发行动力的高效方法，已经在一系列研究中被证实。

通过心理比对，你能够深刻理解自己的愿望，然后振奋精神、制订计划去实现它们。心理比对的神奇之处在于它悄无声息地将愿望和现实紧密联系起来。

首先，我们憧憬着未来的愿望，然后思考眼前的现实。这个过程会引导我们问自己一个关键问题：基于以往的经验，我们是否能克服那些阻碍愿望实现的现实障碍？

如果我们认为愿望是可以实现的，那么愿望和现实就会在潜意识中合二为一，激发我们采取行动；如果愿望看起来无法实现，那么它们就不会与现实结合，我们也不会产生动力。

心理比对在愿望和现实之间搭建了一条不可逆转的纽带，但其次序至关重要：必须是先想到愿望，再想到现实。当愿望被唤起时，心理比对会立刻将现实浮现在脑中，这个过程是我们显意识难以察觉和控制的。

每当我们想起愿望，就会立刻自动联想到可能的障碍，而这些障碍又会在潜意识里激励我们采取行动。每当梦想被唤起，现实就会被潜意识中的事实所激发，你的脑力和精力就会向实现愿望的目标汇聚。

如图 3-9 所示的心理比对执行流程，使我们不仅能够激发内在的动力，还能够明确地识别和克服障碍。

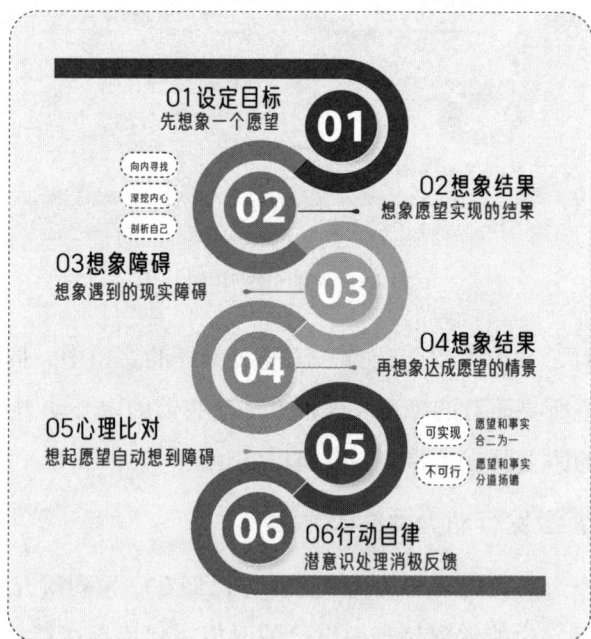

图 3-9　心理比对执行流程

3.3　成功执行术：5 个方法确保计划顺利进行

在进行心理比对时，采用恰当的分析策略是实现目标的关键。以下是五种实用的方法，用以确保我们的计划能够顺利推进。

3.3.1　GROW 模型：减少干扰，提升决策效率

正确的执行策略对于优化决策至关重要。一个清晰的框架不仅能够提升我们在生活各个方面的决策质量，还能有效减少干扰，从而提高整体表现。

GROW 模型正是这样一个框架，由格雷厄姆·亚历山大和约翰·惠特摩爵士共同开发。它将知识、信念、热情和专注放在核心位置，引导我们依次经历四个关键阶段（见图 3-10）：目标（Goal）、现状（Reality）、方案（Options）、行动（Way Forward）。

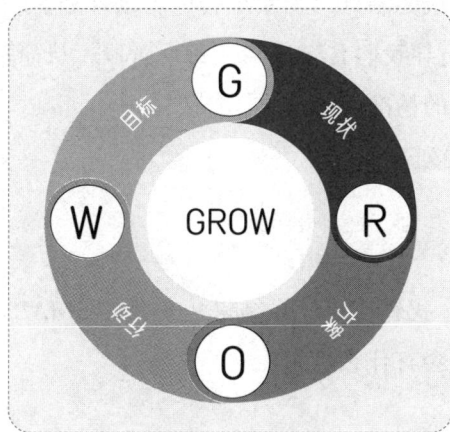

图 3-10　GROW 模型

GROW 模型的四个阶段：

（1）目标：明确我们想要实现的具体目标。

（2）现状：澄清当前的状况，评估已做的努力和结果，识别障碍。

（3）方案：通过头脑风暴产生多种解决方案，评估哪些方案能激发信念和热情。

（4）行动：确定最佳方案并制订行动计划以实现目标。

我们通常不会线性地按照这个顺序思考，而是在不同阶段之间跳跃，这可能

导致决策过程中出现混乱和延迟。

以健康习惯为例，我们可能从对现状的不满（如摄入垃圾食品、缺乏锻炼）开始反思，然后跳跃到设定目标（如改变不良习惯、感觉更好），接着考虑可能的解决方案（如购买健身器材），但又迅速回到对现状的考量（考虑到空间和成本问题），之后再次转向方案（如加入健身房），然后再次被现状拉回（如担心一年会员费的承诺和时间安排），目标也随之调整（如仅专注于健康饮食），最后又因现状的挑战（如出差时难以获取健康食品）而感到迷茫。这样的思考过程往往导致我们推迟决策（如决定第二天再考虑）。

如果按照 GROW 模型的顺序——目标、现状、方案、行动——系统地专注每个阶段，我们将能显著地减少思维的跳跃和干扰，加快决策过程，提高决策的准确性，从而提升我们的表现。这种方法能帮助我们有序地处理信息，确保每个关键点都得到充分考虑，最终制订出切实可行的行动计划。

GROW 模型通过引导我们有序地专注每个阶段，从而帮助我们减少干扰，加快决策速度，提高决策的精准度。

GROW 模型的问题列表：

（1）目标：

我想解决什么问题？

通过 GROW 模型，我想达成什么结果？（我的 SMART 目标是什么？）

如果不采取行动，会有什么后果？

（2）现状：

目前情况如何？

我已经做了哪些努力？结果如何？

我面临的障碍是什么？他人的看法有何不同？

（3）方案：

我可以采取哪些行动来推进问题的解决？

他人如何能被吸引来关注这个问题？

有哪些方案我特别感兴趣，需要进一步探索？

（4）行动：

哪些方案我认为可行，并准备采取行动？

我将如何实施？何时开始？

可能的阻碍是什么？

通过这些问题，GROW 模型不仅帮助我们识别和解决问题，还促进了信念、热情和专注的增强，使我们能够更有效地利用已有的知识和资源。

3.3.2　WOOP 思维模型：突破阻碍，让梦想成真

之前我们已经深入探讨了"执行意图"和"心理比对"这两种工具。其中，"心理比对"作为一种强大的思维策略，它能在我们的潜意识中建立起障碍与行动之间的联系，帮助我们在梦想和现实之间找到平衡点，并提前为可能遇到的障碍制定应对策略。而"执行意图"则赋予了我们一种动力，即使在意志力不济时我们也能坚持不懈地向目标前进，它支持我们在面临诱惑和挑战时维持目标导向的行为。

心理比对与执行意图的结合产生了强大的协同效应，这就是我们接下来要介绍的 WOOP 思维模型。加布里埃尔·厄廷根提出的 WOOP 思维模型正是两者结合的典范，它融合了"心理比对"与"执行意图"。WOOP 思维模型包含四个关键步骤——愿望、结果、障碍和计划，这四个步骤共同构成了一个高效的问题解决框架（见图 3-11）。

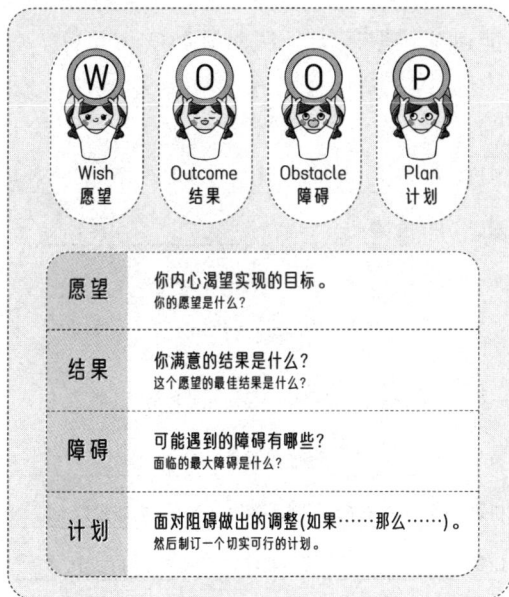

| Wish 愿望 | Outcome 结果 | Obstacle 障碍 | Plan 计划 |

愿望	你内心渴望实现的目标。 你的愿望是什么？
结果	你满意的结果是什么？ 这个愿望的最佳结果是什么？
障碍	可能遇到的障碍有哪些？ 面临的最大障碍是什么？
计划	面对阻碍做出的调整(如果……那么……)。 然后制订一个切实可行的计划。

图 3-11　WOOP 思维模型

W：Wish（愿望）。

首先，找一个安静的角落放松自己，然后选择一个你内心真正渴望实现的目标。这个愿望可以关于职业、健康或人际关系。

O：Outcome（结果）。

接下来，想象一下，如果你实现了这个愿望，最佳的结果会是什么？达成这个愿望会让你有什么感受？花一点儿时间，让这份成功的喜悦在心中绽放。

O：Obstacle（障碍）。

然后，思考一下，是什么阻碍了你实现这个愿望？你内心最大的障碍是什么？识别这些障碍是克服它们的第一步。

P：Plan（计划）。

最后，制订一个"如果……那么……"的计划：如果遇到障碍，你会采取何种行动，找出一个积极的方法帮助你克服这个障碍，并把它写下来。

我们可以参考如图 3-12 所示的格式，自行创建一个表格，将近期的小目标和计划详细列出，并深入思考。WOOP 思维模型虽然简单，却极为有效。它不仅帮助我们清晰地识别自己的愿望和可能遇到的障碍，更重要的是，它为我们提供了一个明确的行动方案。一旦我们对潜在的障碍有了充分的心理准备，当这些障碍真正出现时，我们就能迅速采取行动，从而顺利实现目标。

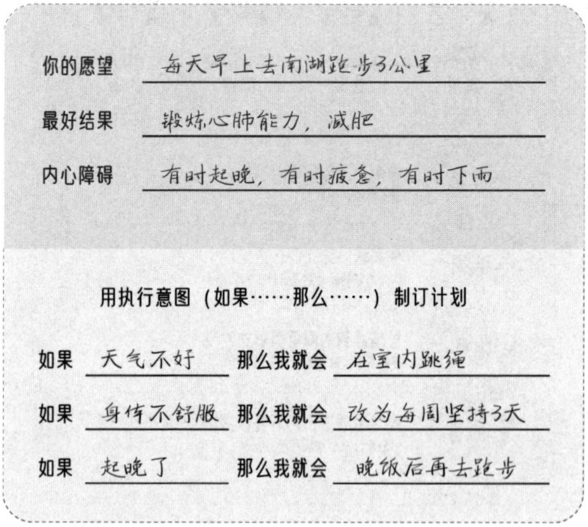

你的愿望	每天早上去南湖跑步3公里		
最好结果	锻炼心肺能力，减肥		
内心障碍	有时起晚，有时疲惫，有时下雨		
用执行意图（如果……那么……）制订计划			
如果	天气不好	那么我就会	在室内跳绳
如果	身体不舒服	那么我就会	改为每周坚持3天
如果	起晚了	那么我就会	晚饭后再去跑步

图 3-12　创建你自己的 WOOP 思维模型

WOOP 思维模型就是这么简单，却又如此强大。它不仅帮助我们清晰地认识到自己的愿望和障碍，更重要的是，它提供了一个明确的行动指南。当你对障碍有了充分的准备，你就能在它们出现时迅速采取行动，克服困难，从而实现目标。

3.3.3 GTD 时间管理：释放大脑，高效生活

面对日常的纷扰，我们往往被琐事缠身，难以专注于真正重要的任务，导致效率低下，浪费了宝贵的时间和资源。为了解决这一痛点，戴维·艾伦在其著作《尽管去做：无压工作的艺术》中提出了 GTD 方法，通过横向和纵向控制以及五个关键的管理工作流程阶段：收集、判断、整理、复查和执行，来提高效率和减轻压力，帮助我们更有效地实现个人和职业目标。

图 3-13 中描绘了 GTD 的五个核心方法：

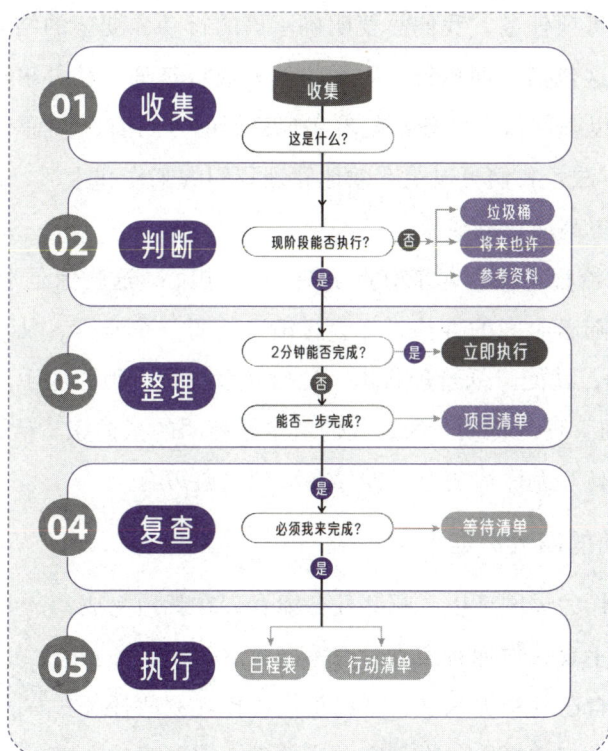

图 3-13　GTD 的五个核心方法

（1）收集：汇总所有待办事项和想法，将它们从大脑中移出并记录在可靠的外部系统中。

（2）判断：对收集的信息进行快速审视，确定每项任务的性质和所需行动。

（3）整理：将任务和项目按照类别和上下文进行组织，以便快速检索和执行。

（4）复查：定期回顾任务清单和项目进度，确保所有信息都是最新的，并调整计划以适应变化。

（5）执行：根据当前的情境、可用时间和资源，选择并执行最合适的下一步行动。

这种方法避免了一次性尝试处理所有工作流程阶段的常见陷阱，鼓励我们有条不紊地进行，从而减少未决事务对心理的负担。通过这种方式，我们可以确保每项任务都得到适当的关注并转化为具体的行动。

此外，GTD方法还强调了工具的重要性，无论是传统的纸笔还是数字工具，都应该用来捕捉和存储任务，而不是依赖于大脑记忆。这样，我们可以保持清晰的头脑，专注于当前的任务。

最后，对于每项任务，我们需要明确承诺的行动和期望的结果，并确定下一步的具体行动。这包括立即执行、委派给他人或将其列入待办事项清单。通过这种方式，我们可以确保每个任务都朝着实现目标的方向前进，而不是停滞不前。

通过GTD方法，我们可以更有效地管理我们的工作和生活，减少压力，提高效率，最终取得更高质量的成果。

GTD方法的流程可能看起来有点复杂，但别担心，这就像是学习一项新技能。通过刻意练习，随着时间的推移，你会逐渐熟悉每一个步骤，从而形成习惯。一旦你掌握了GTD，就能降低管理成本，让时间管理变得得心应手。

在GTD时间管理的行动阶段，我们就像是精明的指挥家，精心挑选着最佳的行动方式。这里有三大评估法宝，助你在决策时游刃有余：

1. 当前行动的四大标准

环境：考虑你的周围环境，哪些任务能够现在就地完成？

时间：看看手表，你拥有多少时间来完成手头的任务？

精力：感受自己的精力水平，现在最应该投入哪些任务？

重要性：在众多选择中，哪一个最为关键，需要优先考虑？

这四个标准构成了一个完整的系统，从而帮助你存储和提示下一步的行动方案。

2. 回顾检查的六个层次

每一次回顾都是一次提升，每一个层次都是你成长的标志。如图 3-14 所示，从上至下，层层递进，回顾检查让你的时间管理更加高效，使你的生活更加有序。

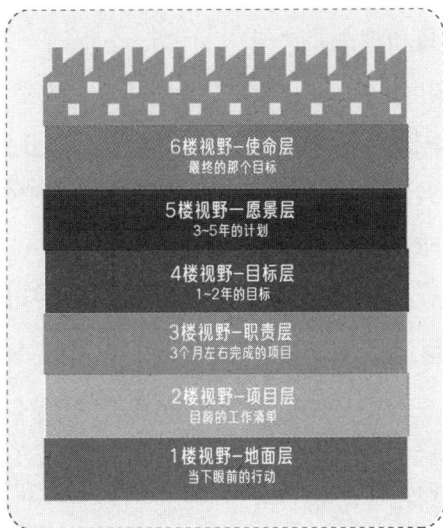

图 3-14　回顾检查的六个层次

GTD 时间管理不仅仅是一个工具，它更是一种生活的艺术、一种工作的智慧。让我们用这些策略和技巧，创造出一个更加高效、有序的生活。

3. 评估每日工作的三大标准

确立事务的先后次序：从预先明确的工作到随时出现的新任务，再到下一步的工作安排，让你的工作有序进行。

随时保持平衡：在多种不同的任务间灵活跳跃，保持工作的多样性和效率。

专注于重要事务：把那些突发事件放在一旁，专注于真正重要的事项。

在这个快节奏的世界里，我们很容易陷入"忙碌"和"紧急"的旋涡，忘记了什么才是最重要的。这时候，建立一个强大的个人管理系统尤为重要，它帮助你设定工作的界限，管理和控制那些悬而未决的事务。

3.3.4　逆向日程法：科学安排工作与休息

尼尔·菲奥雷博士在《拖延心理学》一书中提出了一种独特的时间管理策

略，被称为"逆向日程"（Reverse Schedule）。这是一种独特的时间管理策略，它鼓励我们首先安排休息和娱乐时间，然后再将工作和创作任务填充到剩余的时间中。这种方法有助于我们更高效地利用时间，并确保我们有足够的休息和放松。

逆向日程的详细步骤和理念：

（1）确定休息和娱乐时间：确定每天需要的睡眠、放松、运动和社交活动时间。

（2）在日程表上规划这些活动：为休息和娱乐活动分配具体时间段。

（3）评估剩余时间并安排工作：在剩余时间中安排工作和创作任务。

（4）保持灵活性：根据实际情况适当调整计划。

（5）定期自我反思：评估时间使用情况，确保计划符合需求和目标。

（6）个性化调整：根据个人工作节奏和生活需求定制日程，避免机械式地执行。

在《为什么精英都是时间控》一书中，作者依据脑科学原理，为我们提供了一天的最佳时间安排方案（见图3-15），一旦我们形成了规律的生活习惯，身体就会在特定时间自动调整到相应的状态。

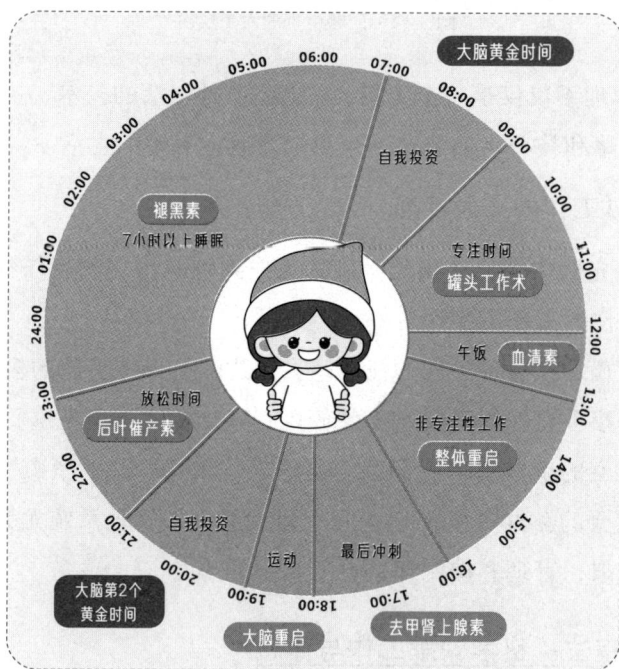

图 3-15 根据脑科学原理设计的一天的最佳时间安排方案

书中指出两个黄金时段特别适合进行专注性工作，可以作为我们规划日程的参考：

早晨 7:00—9:00：此时专注力达到高峰，适合处理重要工作。

傍晚 7:00—9:00：适度运动后，身心得到重启，这个时段可以专注于个人项目。

通过这种基于个人生物钟和精力周期的时间管理策略，我们可以更有效地安排日常活动，从而提升工作和生活的质量。

3.3.5　从核心到细节：曼陀罗九宫格的全方位规划

曼陀罗九宫格是一种强大的视觉化思考工具，广泛应用于规划、组织思想、梳理信息和激发创意。曼陀罗九宫格以其类似于佛教曼陀罗的圆形对称结构而得名，通过将核心目标置于中心，周围环绕着八个相关的子主题或方面，帮助我们构建和实现目标。

这种"核心九宫格"的矩阵模型最初由松村宁雄在 1979 年开发，并将其命名为"MY 曼陀罗格式表"。松村宁雄在过去几十年中持续研究和发展曼陀罗九宫格的思想，并在他的著作《曼陀罗九宫格思考术》中分享了这一方法。

随后，原田隆史对这一方法进行了改良，发明了 Open Windows 64（简称"OW 64"）。OW 64 在曼陀罗九宫格的基础上进一步扩展，将九宫格增加到 64 宫格，提供了一个更为详细和深入的规划框架。图 3-16 展示了我设计的一张空白表格，你可以根据实际应用场景进行调整，无论是制订减肥计划还是进行人生规划，都可以将这 9 个九宫格填入相应的内容。

通过实践，我们可以发现曼陀罗九宫格在多个领域都能发挥其独特的价值，无论是在个人生活还是职业发展中。

（1）创意生成：帮助个人或团队围绕中心主题进行思维拓展，激发新的想法和创意。

（2）信息组织：用于整理和分类信息，使复杂概念或项目计划变得更加清晰和有条理。

（3）目标设定：在个人发展或项目管理中，帮助设定目标并围绕主要目标规划出相关的行动步骤或次要目标。

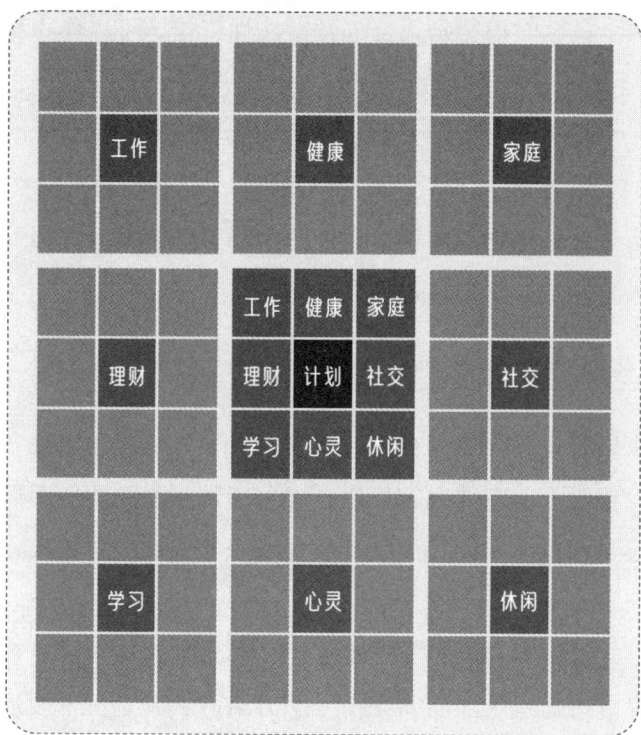

图 3-16　OW 64 计划表

（4）问题解决：通过在九宫格中列出问题的不同方面，可以更全面地分析问题，从而找到解决方案。

（5）学习笔记：学生可以使用九宫格来整理学习笔记，将主要概念和相关的子主题联系起来，加深理解和记忆。

（6）个人反思：个人可以使用九宫格来反思自己的经历，通过不同的角度来分析特定的事件或情感体验。

曼陀罗九宫格的基本操作流程分为两个阶段：首先，从一个核心的"人生目标"扩展出 8 个基本的"思考方向"；其次，基于这 8 个思考方向，进一步发展出 64 个具体的"实践行动"，从而构建起一个详尽的规划网络，具体来说：

①确定中心主题：在九宫格中央明确你的主要目标或思考点。

②分配子主题：围绕中心主题，标注出 8 个直接相关的子主题或方面。

③连接和扩展：对每个子主题进行深入挖掘，细化出具体的细节、想法或行动计划。

④视觉化呈现：利用色彩、图形或其他视觉辅助手段来加强对信息的理解和记忆。

在使用曼陀罗九宫格时，应注意以下几个关键点：

①灵活应用：根据实际情况灵活填充，不必强求每个格子都填满内容。

②预留空间：对于暂时没有想法的部分，可以留白，待灵感来临时再补充。

③持续更新：随着目标的推进和新信息的出现，定期更新和调整九宫格内容。

曼陀罗九宫格的灵活性使其成为一个适用于各种场景的多功能工具，它不仅有助于个人清晰规划和实现目标，还能激发创造性思维和提升问题解决能力。无论是用于个人生活规划还是职业发展，曼陀罗九宫格都是一个极具价值的辅助工具。

3.4 你的专注力升级计划：3 个技巧，效率翻倍

我们常常在多任务之间切换，被不断的通知和干扰分散了注意力，导致工作效率降低和创造力受限。那么，如何才能在这个充满干扰的世界中保持专注，有效推进我们的工作呢？《神之时间管理术》这本书提供了一些实用的方法来提高专注力。图 3-17 所示是提高专注力的 3 种方法。

图 3-17　提高专注力的 3 种方法

3.4.1 "15·45·90"法则掌握你的专注节奏

我们的注意力并不是恒定不变的，它有自己的节拍。根据"15·45·90"法则，人的专注力可以以 15 分钟、45 分钟和 90 分钟为周期进行划分。

美国前海军军官、作家和演讲者克利弗德·纳斯提出的"15·45·90"法则，也被称为"注意力跨度法则"，这个法则基于人类注意力的自然周期，提供了一种理解和规划工作、学习和其他活动的方法。

（1）15 分钟：这是人们能够集中注意力的最小时间单位。对于需要快速完成的任务，或者在需要短时间内集中精力的情况下，15 分钟是一个有效的时间跨度。

（2）45 分钟：这被认为是成人平均的注意力持续时间。许多学校和教育机构将课程安排在 45 分钟左右，之后会有休息时间，以帮助学生保持注意力和学习效率。

（3）90 分钟：在某些情况下，人们可以保持注意力长达 90 分钟。这通常适用于需要深度工作或长时间专注的任务。例如，一个上午的工作周期可能会被划分为两个 90 分钟的时间段，中间有短暂的休息。

"15·45·90"法则（见图 3-18）建议我们在规划任务和安排时间时考虑这些自然的时间跨度，以便更有效地管理我们的注意力和精力。通过在这些时间周期结束时安排休息，我们可以减少疲劳，集中注意力，从而提高整体的工作效率。

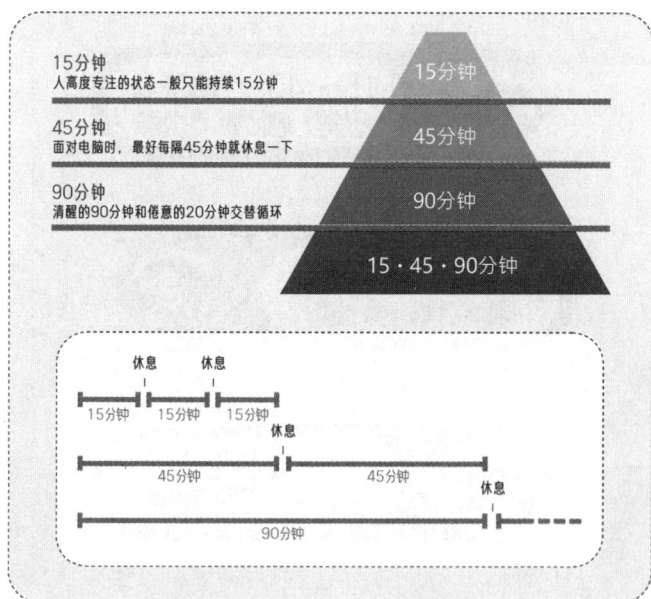

图 3-18 "15·45·90"法则

实践建议：

（1）观察自己的专注力模式，找出专注力持续的时间。

（2）利用番茄工作法，将工作和休息时间分割成 15 分钟的小单元。

（3）每 45～90 分钟后，给自己安排一个短暂的休息，让大脑得到恢复。

3.4.2　杂念排除法：清晰思绪，专注当下

在忙碌的生活中，我们的大脑常常被各种杂念占据。正如图 3-19 所示，这些杂念主要来自四个方面：外物、思考、通信以及他人。这些不同来源的杂念共同影响着我们的专注力，成为我们高效工作的最大障碍。

图 3-19　专注力最大的敌人是杂念

不用担心，我们可以通过以下三种方法来排除这些干扰：

1. 整理你的物理空间，这有助于厘清你的思绪

首先，让我们从整理周围的环境开始。一个井井有条的工作空间不仅能让电脑中的文件管理更加高效，也能让我们的大脑更加清晰，从而提高工作效率。

2. 将心中的忧虑和想法写下来，以减轻心理负担

蔡格尼克效应告诉我们，未完成的任务会持续占据我们的注意力，如图 3-20 所示。

图 3-20　蔡格尼克效应

把心里惦记的事情全部写出来有一个好处：一旦完成，它们就会从大脑中清空，让你的思绪更加清晰。

3. 提升血清素水平，增强你的活力和情绪稳定性

当杂念不断涌现而无法专心工作时，这可能是因为疲劳过度或精神压力太大。提高前额皮质中血清素的活力，可以帮助我们提高专注力。

这三个方法可以将其汇集成一个简单的行动：早上起床后，先去室外散步 30 分钟，然后回来细嚼慢咽地吃早餐。规律的生活能提高血清素活力，让你的一天从清晰和专注开始。

当你沉浸在工作之中，任何外界的干扰如同事的交谈或电话铃声都可能打破你的专注，而重新进入那种专注状态可能需要至少 15 分钟。可借鉴村上春树在《我的职业是小说家》中分享的"罐头工作术"，为自己营造一个无干扰的环境，以维护你的专注力。

村上春树在创作时偏爱咖啡馆的安静角落，他喜欢选择靠窗的座位，享受窗外的蓝天和绿树。这让他感到心情愉悦，思维敏捷，写作效率显著提升。他将这种方法称为"罐头工作术"，意指将自己置于罐头中一样，与外界隔绝，从而全神贯注于工作。

这个"罐头瓶"实际上就是一个"专注空间"。当你习惯于在这样的空间中高效工作时，你的大脑会逐渐将这个环境与专注工作联系起来。一旦你进入这个空间，你的大脑就会自动切换到专注模式，帮助你排除干扰，准备好全身心投入工作。这种习惯的培养，能够显著提高你的工作效率和质量。

3.4.3　时间限制工作术：激发潜力，战胜拖延

在紧急情况下，大脑会分泌一种名为"去甲肾上腺素"的奇妙物质。它能够让我们注意力高度集中，学习能力飙升，头脑变得异常清醒。因此，我们可以通过设定时间限制来激发效率。这里有两种方法：

1. 秒表工作法：严格遵守时间限制

给自己的工作设定一个明确的截止时间，并使用秒表计时。这种紧迫感能够让你集中注意力，提高工作效率。例如："必须在下午 3 点前提交！""一定要在 1 个小时之内完成！"

2. 后有约定工作术：截止后的奖励

在工作的截止时间后立即安排下一项任务或奖励。比如，项目计划在 3 月 22 日完成，那就可以订个 4 月 1 日的旅游机票。这样做不仅让时间的紧迫感推动你加快进度，还能为自己预留出 8 天的缓冲时间，确保有足够的时间来完善工作。

时间限制工作术的魅力在于它能够激发我们的内在潜力，让我们在限定的时间内发挥出最佳水平。这种方法不仅适用于工作，也适用于我们在生活中的各种挑战。

能量补给站

肖恩·扬. 如何想到又做到：带来持久改变的 7 种武器[M]. 杭州：浙江教育出版社，2018.
詹姆斯·克利尔. 掌控习惯：如何养成好习惯并戒除坏习惯[M]. 北京：北京联合出版公司，2023.

海蒂·格兰特·霍尔沃森. 如何达成目标[M]. 北京：机械工业出版社，2019.

加布里埃尔·厄廷根. WOOP 思维心理学：开启梦想与成功的秘密[M]. 北京：中国友谊出版公司，2015.

约翰·惠特默. 高绩效教练[M]. 北京：机械工业出版社，2019.

范恩，梅里尔. 潜力量：GROW 教练模型帮你激发潜能[M]. 北京：机械工业出版社，2015.

戴维·艾伦. 搞定 I：无压工作的艺术[M]. 北京：中信出版社，2015.

简·博克，莱诺拉·袁. 拖延心理学[M]. 杭州：浙江教育出版社，2021.

桦泽紫苑. 为什么精英都是时间控[M]. 长沙：湖南文艺出版社，2018.

松村宁雄. 曼陀罗九宫格思考术[M]. 新北：智富出版有限公司，2010.

下　篇

具体的行动步骤

WHAT

（改变什么）

第4章

时间大师——
解锁时间的宝藏，成为效率高手

4.1 时间管理的智慧：为什么巴菲特总能确保要事第一？

4.1.1 别让忙碌欺骗你：重新定义效率

我们常常陷入时间管理的误区，认为增加工作时间就能完成更多任务。特别是当生产能力和价值难以量化时，知识工作者往往沿用工业时代的标准，以忙碌程度衡量工作效率。然而，这种以忙碌为生产力指标的理念已经不适用于现代工作环境。

在知识创造和信息处理的过程中，真正的价值往往产生于思考、学习和创新，这些活动表面上可能并不显得忙碌。我在创作装饰画时就深刻体会到这一点：每天完成 10 幅作品的数量目标，最终导致我的设计作品趋于雷同；而一位每天只完成 2 幅作品的同事，因为注重质量和创新，反而取得了更好的成果。

这让我想到了一个渔夫的故事。一位商人遇见一个每天只捕几条鱼的渔夫，建议他扩大经营规模："你可以买更多渔船，建立公司，最终上市。20 年后，你就能赚到足够的钱，搬到海边小村，每天悠闲地钓钓鱼、晒晒太阳、陪伴家人，跟朋友喝酒聊天。"渔夫笑着说："这不就是我现在的生活吗？"这个故事启示我们：盲目追求效率和成就，可能会让我们忽视了当下已经拥有的幸福。

重新定义效率，不是要我们放弃追求进步，而是提醒我们：真正的效率不在于忙碌的表象，而在于找到真正重要的事情并专注投入。我们需要时常停下来思考：我们忙碌的真正目的是什么？那些看似低效的思考和沉淀，可能恰恰是提升效率的关键。

4.1.2 成功的第一步：放弃 20 件你很想做的事

互联网的产生，让知识变得更容易获得，自媒体上各种信息都在吸引我们的注意力。而此时，收回注意力就显得尤为重要。

巴菲特和比尔·盖茨曾同时受邀参加一个电视节目，主持人问："两位都曾成为全世界最富有的人。你们认为在这个时代，对大家而言，最宝贵的东西是什么？"主持人要求两人将答案写在纸条上并同时亮出答案，他们的纸条上写着同一个词——专注。

巴菲特和他的私人飞行员迈克·弗林特聊天，讨论如何进行职业生涯规划。

巴菲特说："先写下 25 个重要的目标，然后从里面圈出最重要的 5 个。最后另用一张纸写下剩下的 20 个。"迈克写完，巴菲特问他："为什么圈出这 5 个？"

迈克回答："这 5 个是最紧急而重要的，另外 20 个也重要，但不紧急，所以按照要事优先的原则，先以这 5 个为主，有空再做另外 20 个。"

巴菲特说："不，你错了。那些你没有圈出来的目标要尽量避免去做。不管遇到什么困难，只要还没有完成前 5 个目标，都不要去管剩下的 20 个目标。成功的第一步，就是放弃 20 件你很想做的事。"

20%的努力往往能够产生80%的成果。这正是投资大师沃伦·巴菲特所采用的策略，他从 25 个目标中精选出 5 个最重要的目标来优先处理。这个原则被称为"帕雷托法则"，也被称作"80/20 法则"。我们可以将这一概念转化为一个高效时间管理的 3 步策略：

（1）明确目标：列出你想要达成的 25 个目标，无论是短期的还是长期的。

（2）筛选关键目标：从这些目标中筛选出 5 个最为关键的目标，这些应该是对你的成功影响最大的。

（3）优先执行：集中你的时间和精力去实现这些优先级最高的关键目标。

我们可以按照图 4-1 的格式，筛选出自己的核心目标。

聚焦5个目标，坚决不关注另外20个目标

图 4-1　放弃 20 件你很想做的事

80/20 法则的时间管理法重点是：学会说"不"。

帕雷托法则可以用一句话概括：80%的产出来自 20%的投入（见图 4-2）。

80%的结果源于 20%的原因。

80%的成果来自 20%的时间和精力。

80%的公司收入来自 20%的产品和客户。

80%的股市盈利由 20%的投资者实现。

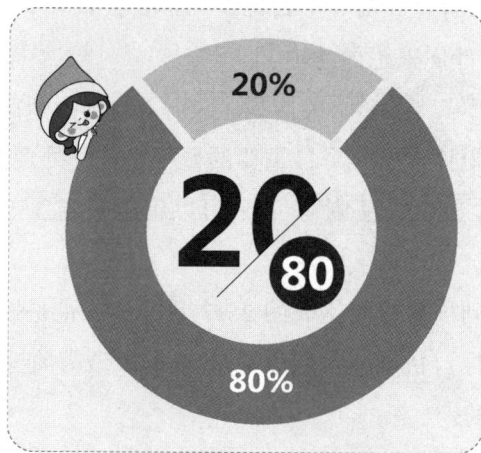

图 4-2　20%的要事决定了 80%的成果

80/20 法则不仅在职业规划中发挥作用，也可以作为时间管理的利器。它教导我们识别并专注于那些产生最大效益的关键任务。在时间管理上，这意味着要对眼前的事务进行优先排序，学会对那些繁忙却非核心的工作说"不"。尽管在待办事项中划除一项工作会带来大脑多巴胺的奖励和满足感，但我们必须警惕不要让这种短暂的满足分散了自身对重要事务的注意力。

处理那些别人交代的或简单的任务看似不费时，但如果我们的时间被这些琐事占据，它们就会占据我们 80%的日程，从而让我们难以专注于那些真正紧急和重要的 20%的任务。因此，关键在于识别和优先处理那些能带来最大影响的任务，避免在不重要的事务上浪费时间。

可以把要放弃做的 20 件事摆在眼前，然后在这 20 件事上写一个"不"字。如果在完成主线任务后，你又有新想法，就把新想法拿出来，跟这 20 件去对比，看看是不是比这 20 件事重要。如果重要，就在要做的 5 件事里再去对比。5 件事也可以按重要的原则，选出最重要的。5 件事里选一件，做这件事就不要想着那 4 件。等这件事做完了，再去筛选第二件要做的事。做到一次只做一件事，才是提高注意力的关键。

要事管理的演变经历了四个阶段，如图 4-3 所示。每个阶段都反映了人们对时间管理和个人效率认识的深化。

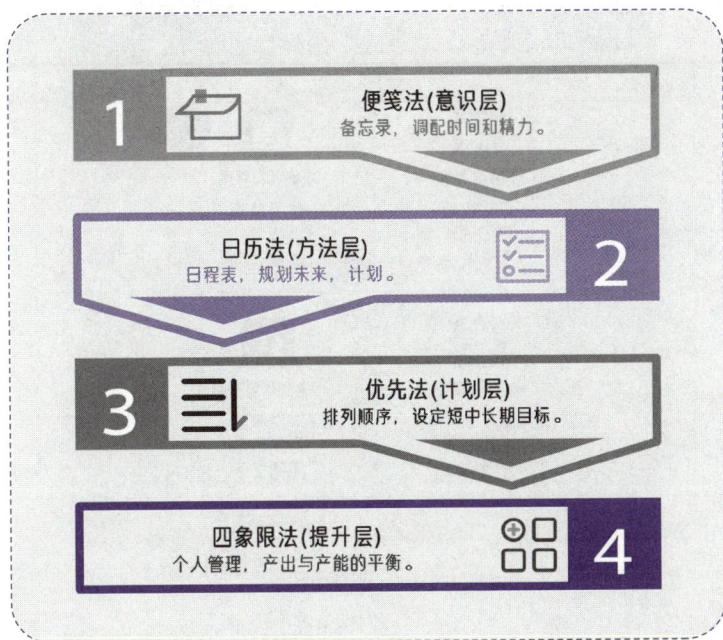

图 4-3　要事管理演变经历的四个阶段

最初，我们通过备忘录的形式来记录重要事项，这通常以手机提醒或便笺的方式出现，体现了我们对时间管理重要性的初步认识。随着时间的推移，我们开始使用日程表和计划来更系统地安排时间，这是第二代时间管理的实践。随后，随着任务的增多，我们开始意识到优先级的重要性，这是第三代时间管理的核心，它强调根据任务的紧急和重要程度来安排时间。

最终，为了平衡产出与产能，我们从时间管理转向了个人管理，开始采用四象限法（见图 4-4）。这种方法不仅帮助我们清晰地认识到自己的愿望和障碍，更重要的是，它提供了一个具体的行动计划。通过这种方法，我们可以在面对障碍时迅速采取行动，克服困难，从而实现目标。

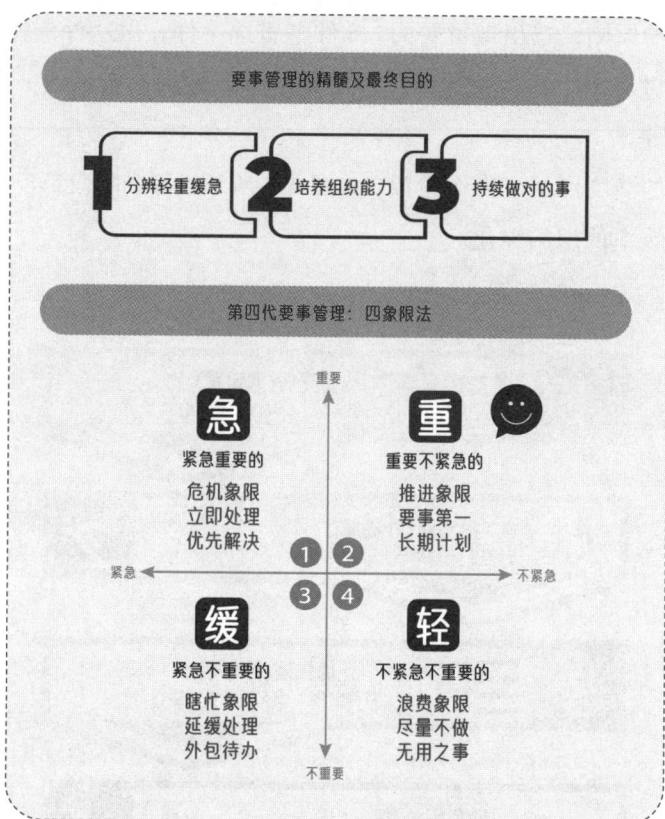

图 4-4　四象限法

第四代要事管理的理论要义在于：人比事更重要！以原则为中心，以良知为导向，针对个人独有的使命，半衡发展生活中的不同角色，全盘规划日常生活。那就是将人际关系和结果放在第一位，将时间放在第二位。以要事为中心，而要事与目标有关，凡有利于实现个人目标的就是要事。每一代不需要否定上一代时间管理方法，而是保留好的做法，再做优化升级。

要事第一，就是持续做对的事。

如果过分注重第①象限事务，它们的范围就会变得越来越大，最终占据你全部的时间和精力。

如果以配偶、金钱、朋友、享乐等为中心，就容易受第①与第③象限事务羁绊。

自我为中心的人容易被情绪左右，会更偏爱能博取好感的第③象限活动，也喜欢可逃避现实的第④象限事务。第③、④象限的事，不是单纯地靠意志力能克服的。只有从信念、价值观与目标出发，才能对这类事情有说"不"的勇气。

没有目标更容易陷入第③象限，做一些不重要且不紧急的事，循环做这些事会让我们变得忙碌，但是却碌碌无为。

4.1.3　执行力的关键：做重要不紧急的事

人们常常为了眼前紧急的事而放弃长远重要的事。而正是那些重要但不紧急的事决定了个人发展的高度，拉开了人与人之间的差距。

有一个年轻人很早去上山砍柴，在他边上砍柴的那些人都时不时地休息一下。但是他不一样，他争取利用时间，从来都不舍得休息，一直不间断地干到天黑。他边上的是位老者，老者来得晚，中间也休息，但砍的柴却比年轻人多。

年轻人想超过他，于是更加努力，但还是不如老者砍的柴火多。年轻人实在是想不通了，这时老者叫他过去一起休息。

年轻人说："我现在没有时间休息。我这么年轻力壮却不如你，我怎么好意思休息呢？我要抓紧时间。"老者笑着说："你这样再努力也不会超过我的，我年纪大动作慢，但是我的刀比你的锋利，休息时我就磨刀，你一直不断地砍，刀已经迟钝了。"

年轻人听了，豁然开朗。磨刀不误砍柴工中的"磨刀"就是砍柴过程中的要事。

执行力的秘诀在于：识别并优先处理那些重要但不紧急的事项，即第②象限任务。如果不确定哪些事情符合这个标准，可参考图 4-5。

图 4-5　第②象限事务（重要不紧急的事）

长期的专一比当下的专心更重要。一切都有延迟，耐心等待回馈，相信复利时间越长回报越大。但如果自己内心没有完全接受轻重缓急的观念，处理第②象限事情的时候就很容易半途而废。

阿尔伯特·E. N.格雷曾说："成功人士习惯去做失败者不爱做的事。他们当然也不喜欢干这些事，但他们让这种不喜欢服从于对自己目标的追求。"

这需要我们有完善的原则，对个人使命有明确的认识，能兼顾重要的和紧急的事情，从而平衡产出和产能的关系。

人倾向于做可执行性强的事，做简单的事比困难的事执行力强，具体的事比抽象的事执行力强，所以可以把第②象限的事转化为重要紧急的事，把这些要事按具体、短期、限时的几类来操作。

当得知暑假有60天时，孩子们并不会因此而提前完成作业，反而可能因为时间充裕而推迟。但随着临近开学，他们意识到未完成作业可能带来的后果，这种紧迫感促使他们集中精力，迅速行动。

不光孩子们，我自己也有类似的经历。当书稿截止日期还有60天时，尽管制订了详细的工作计划，效率却始终不高。直到发现只剩5天时，我的工作效率突然大幅提升，一天的产出甚至超过了之前10天的工作量。

这种现象恰恰验证了帕金森法则，由英国历史学家塞西尔·诺斯科特·帕金森在1955年提出。该法则指出：工作者往往会根据给定的完成时间来调整工作速度，如果时间充裕，他们可能会放慢进度；而时间紧迫时，则会迅速行动以完成任务。

帕金森法则的关键在于：通过缩短工作时间，迫使自己专注于最重要的任务。

而80/20法则提出了颠倒顺序的另一种视角：专注于那20%最重要的任务，以减少所需的工作时间。

为了达到最佳效率，我们可以结合图4-6所示的两大法则：一方面，运用80/20法则，确定并专注于那几件最重要的事情；另一方面，借助帕金森法则，为这些关键任务设定最短的完成时间，用时间限制来提升执行力。

通过以上方法，我们不仅能确保在有限的时间内完成最重要的工作，还能提高工作质量，避免拖延，实现更高效的工作和更满意的生活。

图 4-6　80/20 法则 + 帕金森法则

4.1.4　青蛙法则：如何优先解决最困难的任务?

你的一天要从最有意义的任务开始。面对那些最重要的事项，不要犹豫，将它们分解成可管理的小部分，然后勇敢地投入其中。在《吃掉那只青蛙》一书中，博恩·崔西将最具挑战性的任务比喻为"青蛙"，而"吃掉它"则象征着你已经迈出了成功的第一步。这个比喻说明了一个道理：越早处理困难任务，越能避免拖延带来的压力。

每天给自己设定"吃掉 3 只青蛙"的目标，这不仅是对自己的挑战，也是提升效率的绝佳机会。

博恩·崔西根据自己的经验总结出了 21 种效率倍增的方法，如图 4-7 所示。这些方法将指导你如何专注于最关键的任务，如何提高工作效率，以及如何在日常生活中实现目标。

①明确目标：设定清晰的方向，迈出成功的第一步。

②制订计划：采用 WOOP 思维、GTD 或 GROW 计划法，为你的行动绘制蓝图。

③二八法则：专注于那 20% 的任务，它们能带来 80% 的成果。

④要事优先：用四象限法、ICE 需求优先法或 TOC 瓶颈管理来安排任务。

⑤学会说"不"：对分散注意力的事务说不，保护你宝贵的时间。

⑥ABCDE 法：优先处理最重要的任务，确保优先级最高的事项完成。

图 4-7　吃掉那只青蛙（让效率倍增的 21 条时间管理法则）

⑦关键结果：提升对你的成功至关重要的技能和能力。

⑧三个定律：专注于那三个能带来 90%成果的关键活动。

⑨充分准备：在行动之前，确保一切准备就绪。

⑩下一个油桶：设定并达成阶段性目标，逐步完成复杂任务。

⑪核心技能：不断学习和提升，成为关键领域的专家。

⑫瓶颈与障碍：找到并消除阻碍成功的瓶颈。

⑬压力目标：设定截止日期，为自己增加动力。

⑭理想转化行动：将理想转化为行动，专注于解决问题。

⑮收回时间：控制技术使用，避免不必要的干扰。

⑯技术辅助：善用工具提高效率，减轻负担。

⑰集中注意力：减少干扰，全心投入当前任务。

⑱香肠工作法：将大任务分解为小块，逐一解决。

⑲整块的时间:创造并安排大块时间,专注于重要事务。

⑳保持紧迫:迅速行动,培养处理关键任务的习惯。

㉑单线任务:根据优先级逐一处理任务,全心全意直至完成。

4.2　心流体验:如何使大脑进入最佳状态?

研究表明,在面对需要专注、智慧和创造力的任务时,外在奖励往往会让我们的表现大打折扣,甚至损害我们的内在动机。一个经典的实验就是让两组大学生玩拼图,一组给予现金奖励,另一组则没有。结果显示,没有奖励的一组在休息时更愿意继续玩拼图,因为他们享受过程中的乐趣,而不仅仅是为了奖励。

同样的事情,有人感到兴奋,有人却觉得痛苦,这背后的关键在于两种截然不同的心理状态:心流式沉浸与被动式疏离。

心流式沉浸:通过内在动机驱动,进入高度专注且愉悦的心流状态(如本节所述),自主掌控任务进程;

被动式疏离:受外部压力驱使,陷入焦虑与压力循环,失去对任务的掌控感。两者的核心差异如图 4-8 所示。

图 4-8　做同样的事:有人兴奋,有人痛苦

金钱是外在动机，而想要摆脱被强迫的感觉，积极主动地开心工作就会激活自己的内在动机。

4.2.1　激活内在动力：自主的选择是积极行动的根本

那么，要如何增强我们的内在动机，自主地投入到工作中呢？最有效的方法之一就是提供选择。选择的力量能够显著增加我们的坚持和投入。

以下几种选择都会带来更大坚持的可能：

（1）选择做与不做：给予自己决定是否参与某项任务的自由，这种自主选择的感觉能够激发我们的内在动力。

（2）选择最后的完成日期：当我们可以决定任务的截止时间，我们更有可能感到自己是工作的主人，而不是奴隶。

（3）在众多范围内选择一个：在一系列可能性中做出选择，这种选择感让我们感到更有控制感，从而增强了我们的内在动机。

通过这些简单的策略，我们可以逐渐减少对外部奖励的依赖，转而发掘和增强我们的内在动机。这样，我们不仅能够提高工作效率，还能在工作中找到真正的快乐和满足。

选择的力量是巨大的，它让人们感到自己对生活有更多的控制和主导权。这种自主选择的感觉，不仅让我们更愿意接受任务，而且还能带来意想不到的积极效果。

这种自主选择的重要性在一项养老院的研究中得到了生动体现。研究者将养老院中的老年人分为两组：一组拥有较多自主权（可以决定房间布置、选择植物、安排活动时间），另一组则由他人全权安排生活。三周后的结果显示，拥有自主权的老人中 93%变得更加积极乐观，而缺乏选择权的老人中仅 21%有积极变化。更令人惊讶的是，一年半后的追踪调查发现，有自主权的那组老年人的死亡率（15%）远低于缺乏选择权的那一组（30%）。

这项研究向我们展示了一个核心的道理：拥有自主选择权不仅能提高我们的生活满意度，还可能对健康产生正面效应。当我们感觉自己对生活拥有更多的主导权时，我们的心态往往会变得更加积极，从而带来更好的健康状况。即使是最细小的选择，也能极大地增强我们的自主感。这些选择虽然看似微不足道，但它们频繁出现并不断积累，最终汇聚成强大的影响力，会对我们的整体幸福感产生积极作用。

4.2.2　心流体验：沉浸在最佳状态的八个特征

在本书的开头我们就说过，自律不是单纯的自我约束，而是找到自己的节奏，找到技能与挑战之间的平衡点。当这个平衡点被发现，我们就能进入心理学家所说的"心流"状态。

心流，是一种让我们完全投入在某项活动中，达到忘我境界的奇妙状态。结合米哈里·契克森米哈赖、马丁·塞利格曼和万维钢总结的心流特征，这里提炼出心流体验的 8 个核心特征：

（1）挑战与技巧的平衡：心流体验发生在挑战与个人技能完美匹配的时刻。任务既不能过于简单而让我们感到无聊，也不能过于困难，以至于让我们感到焦虑。

（2）明确的目标与即时反馈：在心流状态中，目标清晰明确，每一步行动都能得到及时的反馈，让我们知道自己正在正确的道路上前进。

（3）忘我：在心流中，个人的自我意识、内心评判的声音消失，我们不再关注自我，而是完全沉浸在活动本身。

（4）意识与行动的融合：心流让我们深深地投入，此时意识和行动融为一体，每一个动作和思考都自然而然地发生，无须刻意努力。

（5）自主感与掌控感：心流体验中，我们感到自己完全主宰着活动，拥有高度的自主性和掌控感。

（6）集中的注意力：心流状态下，我们的注意力完全集中于手头的任务，外界的干扰和杂念被排除在外。

（7）时间感的消失：在心流中，我们对时间的感知会发生改变，时间似乎飞逝，我们对时间的流逝毫无察觉。

（8）内在奖励：心流体验本身带来强烈的愉悦感，行动本身就是目的，行动本身就是享受，不需要外在的奖励。

心流体验是一种难得的高峰体验，它不仅让我们感到快乐和满足，还能极大地提高我们的工作效率和创造力。追求心流，就是追求生活的极致状态。让我们一起探索如何激发心流，让生活充满激情和创造力。

如何达到心流？契克森米哈赖提出了三种实用的方法：

①排除干扰，设定明确的目标，把握当下。

②选择具有挑战性和平衡性的工作，既不要太难也不要太简单。

③确保有纠错和即时反馈的机会，必要时增加新奇性、不确定性和复杂性。

新奇和不确定性能激发人的多巴胺分泌，让我们更容易进入心流。但记住科特勒的话：永远不要完全依赖多巴胺，因为这种状态只适合工作，不适合做决策。

4.2.3 如何达到心流：四步解锁沉浸体验

在忙碌的生活中，我们都渴望进入一种专注、高效、充满成就感的状态——心流。然而，我们常常在心流的大门前徘徊，不知道如何开启这扇门。我们羡慕那些似乎毫不费力就能进入心流状态的人，而自己却总是被各种干扰和分心所困扰。

你是否有过这样的经历：工作堆积如山，你却在社交媒体和电子邮件之间徘徊，无法集中精力；或是你坐在画布前，却迟迟无法下笔。你渴望沉浸于手头的任务，却总是被内心的挣扎和外界的干扰所打断。这种无法进入心流状态的挫败感，不仅影响了我们的工作效率，也削弱了我们的创造力和满足感。

心流，这种令人神往的沉浸式体验，其实并非难以触及。它是一种可以通过学习和练习来掌握的技能。进入心流状态，并非一蹴而就，通常需要经历四个阶段的循环过程，如图4-9所示。

第一阶段：挣扎

挣扎是心流循环的起始阶段。在这个阶段，我们不断接收新信息，大脑高速运转，工作记忆被激活。我们听到内心的批评，感受到挑战的重量。但正是在这个阶段，我们通过刻意练习，积累了实现心流所需的技能和知识。

心流的美妙之处在于其流畅无阻的体验，但这需要一个前提：技能的内化。我们必须先有意识地、缓慢地掌握技能，然后大脑才能无意识地、自动地执行。这就是为什么作家要确定主题，工程师要设计模型，运动员要学习技巧——为的是让这些技能最终成为我们的第二天性。

挣扎阶段的挑战是不可避免的。我们的大脑会问："你愿意接受挑战，还是选择放弃？"心流始于我们选择"战斗"的决定。这种勇气和对抗挫败感的决心，是进入心流的关键。

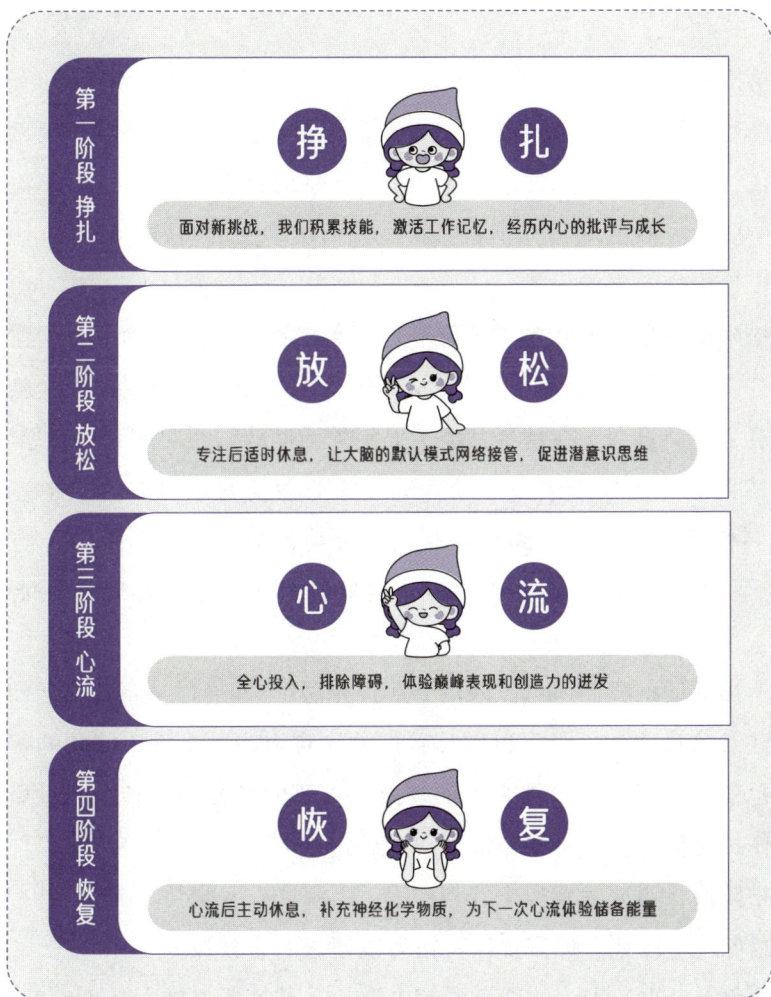

第一阶段 挣扎

挣 扎

面对新挑战，我们积累技能，激活工作记忆，经历内心的批评与成长

第二阶段 放松

放 松

专注后适时休息，让大脑的默认模式网络接管，促进潜意识思维

第三阶段 心流

心 流

全心投入，排除障碍，体验巅峰表现和创造力的迸发

第四阶段 恢复

恢 复

心流后主动休息，补充神经化学物质，为下一次心流体验储备能量

图 4-9 进入心流状态的四个阶段的循环过程

　　心流不仅是挣扎的终结，也是对挣扎的救赎。心理学家亚伯拉罕·马斯洛称之为"高峰体验"，这种体验如此宝贵，它证明了生活的价值。但若无法应对挣扎带来的挫败感，心流的大门就永远不会打开。

　　万事开头难。刚开始做一件事时，不熟悉和挫败感可能会让你内心抗拒。但别气馁，只有努力克服，才能触及心中的宝藏。此时，及时反馈显得尤为重要。分析挣扎的原因，调整难度，让自己逐渐熟练。请记住，经验丰富的人更容易拥抱心流。通过不断地刻意练习，这个过程将融入你的正反馈系统，成为潜意识里的一部分。

第二阶段：放松

随着熟练度的提高，我们开始进入默认模式。但别忘了，节奏很重要。长时间保持紧张状态会让人感到疲惫。专注之后，适时休息，从而让大脑恢复活力。

在这一阶段，我们的目标是暂时将注意力从手头的问题上移开，让大脑的潜意识部分接管信息处理的任务。

在放松阶段，前额叶皮层的高强度活动暂时减少，我们通过关闭注意力执行网络，将控制权交给默认模式网络，从而进入一种孕育状态。这为大脑的模式识别系统创造了一个机会，在从事其他不太相关活动的同时对问题进行思考。

为了达到最佳放松效果，可以尝试一些低强度的体力活动。这些活动可以是开车、制作模型、园艺、演奏乐器，或者是我个人喜欢的画画、徒步旅行和阅读。像爱因斯坦一样，有些人可能更喜欢在湖上划船，尽管这可能需要冒一定的风险。

除了上述活动，我们还可以采用"麦吉弗法"，即通过从事其他活动来转移注意力的方法。这种方法不仅可以转移我们的注意力，还有助于问题的解决，为那些总是忙碌的人提供了一个停下来的理由。重要的是要意识到，经过短暂的休息后返回工作，可能会比连续工作取得更大的进展。

在放松阶段，需要注意以下几点：

——避免过度疲劳。你需要保留精力以便之后重新投入工作。

——避免看电视，因为这会刺激脑电波从 α 波变为 β 波，从而影响休息效果。

——认识到不同挣扎阶段的特点，有时需要长时间的辛勤工作和放松活动，而有时则需要快速切换。

最重要的是，要相信你的训练和大脑的能力。在挣扎阶段付出的努力，将帮助你在放松时将问题交给潜意识。这样，你就能真正做到放松，让大脑在后台继续工作。

最后，在放松阶段，激活"深度具身"的触发器至关重要。低强度的体力活动，如淋浴，可以让我们感受到身体与环境的互动，从而有助于进入放松和心流状态。

第三阶段：心流

为了最大限度地延长心流状态的持续时间，我们需要避免四个主要的障碍：

分心、消极思考、兴奋感不足和准备不足。

维持心流需要注意以下几点：

（1）避免分心：干扰是中断心流体验的首要原因。研究人员发现，一旦程序员脱离心流状态，至少需要 15 分钟才能再次进入，有时甚至无法再次进入。因此，我们应该远离任何可能引起分心的事物。

（2）避免消极思考：心流状态是一种高度创造性的状态，消极思考会破坏这一过程。我们需要保持积极的心态，以维持前扣带皮层的活跃度，从而保持创造力。

（3）保持兴奋感：缺乏斗志的人无法进入心流状态。我们应该通过营养摄入、积极恢复、充足睡眠和定期运动来维持必要的精力水平。

（4）充分准备：无论是生理上还是心理上，我们需要将关键技能和能力内化成肌肉记忆，以便在心流状态中迎接挑战。

为了使心流体验更深、更持久，我们可以利用神经化学的作用。在心流体验中，多巴胺和去甲肾上腺素可以帮助我们将"微心流"转变为"宏心流"。我们可以通过激活更多的心流触发器来实现这一目标，比如提升活动的新颖性、复杂性或不可预测性，甚至采用更有创意的方法。

进入心流状态后，我们需要排除外部干扰，同时也要注意内部干扰。模式识别系统活跃度的提升导致我们可能会被各种想法湮没。我们需要学会克制自己，避免陷入偏离主题的思考。同时，我们也要注意不要过度追求心流体验，因为心流状态下的决策可能并不总是最佳的。

心流状态虽然强大，但并不适用于所有任务。在心流状态下，前额叶皮层的活动减少，这可能会影响逻辑决策和长期规划。因此，在心流状态下获得的洞见需要在状态之外进一步规划和实施。

此外，我们在心流体验中可能会犯错误。在模式识别系统活跃和神经化学物质的影响下，我们可能会将错误的决定误认为是发现。因此，我们应该谨慎对待心流状态下的决策，比如避免在心流状态下做出重要购买决定。

第四阶段：恢复

心流体验是一种高能量状态，但随之而来的是恢复的必要性。心流之后，我们进入了恢复阶段，这是心流循环中至关重要的一环。不同于第二阶段的放松，这一阶段需要主动休息，让身心得到充分恢复。在这一阶段，我们的任务是重新充电，补充心流状态所消耗的宝贵神经化学物质。复原也是自我审查的过程，帮助你为下一轮心流做好准备。

（1）补充能量：心流状态需要消耗大量的神经化学物质，因此我们需要通过营养、阳光和睡眠来补充能量。睡眠尤其重要，因为它能帮助我们将短期记忆转化为长期记忆。δ波（深度睡眠时的低频脑电波）在这一过程中扮演着关键角色，它是记忆巩固的必要条件。这也是为什么规律的作息对于维持高强度心流体验至关重要。

（2）积极恢复：恢复阶段不仅仅关乎睡眠。心流状态下的高强度活动需要积极的恢复策略。消极恢复，如看电视或喝啤酒，并不能提供有效的恢复。相反，我们应该采取正念冥想、桑拿、伸展运动、按摩或冰浴等积极方法。积极恢复需要付出努力，它可能意味着在一天结束时进行额外的活动，如洗个长时间的澡，虽然这可能感觉像是一项任务。但为了尽快完成心流循环并重新进入心流状态，我们必须认真考虑如何有效地恢复。

在心流状态下，我们的模式识别系统高度活跃，每个想法都显得格外吸引人。而恢复阶段是审视这些想法的完美时机，此时，对愉悦性神经化学物质的消耗使我们能够以更批判的眼光看待问题。我们可以在恢复期间做一些笔记，以便在下一轮挣扎阶段来临时重新审视。

总之，恢复阶段是心流循环中不可或缺的一部分。通过有效地补充能量和积极恢复，我们为下一轮的挣扎和心流体验做好了准备。

4.3　刻意练习：你的能力飞跃只差这一步

4.3.1　刻意练习：成就卓越的关键路径

你是否渴望在某个领域达到专业水平？当动力、能量、认知和思维的进步汇聚，目标和计划就绪，我们来到了最关键的一步——刻意练习。

正如爱默生所言："力量来自专注和钻研。"专注，意味着将精力集中在一个目标上；钻研，则意味着通过刻意练习、坚持不懈的训练来精进你的技艺。

为何刻意练习至关重要？

（1）生理学角度：学习知识和行为的密切性与神经链的强度息息相关。神经链越强，学习掌握得越牢靠，而强化神经链的途径，正是反复训练。

（2）心理表征：只有通过刻意练习，我们才能提升心理表征，将练习从低水平的重复提升到更高层次。

（3）现实世界的非连续性：我们常误以为世界是连续的，但实际上，连续性只是大脑的一个假象。我们往往守着既得利益，却难以迎接变革的增量。

成为某个领域的专家，常被认为需要 1 万个小时的努力，这一概念最初由安德斯·艾利克森提出。但这 1 万个小时并非随意的娱乐或工作，而是刻意的训练。

如果你每天打羽毛球，只是随意地玩，没有刻意训练，即使你玩了一辈子，也不可能达到顶级水平。工作亦然，大部分工作是重复性的劳动，虽然存在竞争和压力，但驱动力来自外部奖赏，如工资。当我们对薪资满意时，就容易失去突破瓶颈的动力。

因此，一万小时定律并非时间的简单积累，关键在于刻意的练习。高手们专注于改善具体的弱点，在收到反馈后，一遍又一遍地改进练习，直到掌握相关技能，将失误转变为娴熟和完美。

人们常误解《异类》中提出的 1 万小时理论，认为成功的唯一钥匙是时间，而忽略了刻意练习的重要性。安德斯·艾利克森在《刻意练习》中为我们揭示了两个关键点：

（1）1 万个小时是一个平均数，它并不意味着每个人都需要恰好 1 万个小时的练习，关键在于长时间的投入和不懈的努力。

（2）单纯的重复练习，如果缺乏效能，无论投入多少时间，都无法拥有大师级的水平。

刻意练习的关键不是重复，而是有效的重复。

在日常的烹饪中，我们可以看到，有些人即使烹饪了一辈子，食物的味道依旧一成不变；而有些厨师，通过几个月的刻意学习和练习，却能显著提升自己的技艺。

我们不应该陷入每天重复相同工作的循环，却期望得到不同的结果。正如那句格言所说："疯狂就是重复同样的错误，却期待不同的结果。"许多人不愿改变，不愿跳出舒适区，却期望自己越来越厉害，过上理想的生活。

哈维·艾克在《有钱人和你想的不一样》中提到，如果你想改变自己的生活，那就停下你正在做的事情，因为正是你一直在做的事情导致了你今天的局面。

富兰克林在自传中提到，他收集《观察家》杂志中最好的文章，反复阅读、记笔记，并重新创作，不断比较和改正，以此提高自己的写作能力。他甚至为了提高逻辑论证能力，会打乱文章的笔记，然后试图将它们按照合理的秩序整合起来。

即使是世界级的高手，在他们职业生涯的高峰期，每次也只能进行最多一个小时的刻意练习，然后就需要休息。总体来说，人们每天只能进行 3～5 个小时的刻意练习。

这提醒我们，刻意练习不是无休止的劳动，而是需要策略、反馈和适当的休息。通过这样的练习，我们可以持续进步，最终达到卓越的境界。

4.3.2　心流体验与刻意练习：和谐共舞，非零和游戏

在讨论完刻意练习后，我们需要理解刻意练习与心流体验的关系，这两者看似矛盾，实则相辅相成。心流体验是自然而然、毫不费力发生的，而刻意练习则是有计划、有目的的行动。刻意练习要求我们挑战自我，走出舒适区，而心流则出现在技能与挑战完美平衡的时刻。

更重要的是，刻意练习需要我们付出额外的努力，而心流体验则被定义为一种轻松愉悦的状态。尽管它们看似对立，但坚韧不拔的人会在刻意练习中找到心流，从而获得更多的心流体验。

你不必在刻意练习的同时体验心流。刻意练习的主要目的是提升技能，你需要集中全部精力，将挑战设置在略高于当前技能水平的地方。这是一种"问题解决"模式，你需要分析每一步，不断调整以达到目标。反馈是这个过程的关键，尤其是关于错误的反馈，它们帮助你进行调整，再次尝试。

心流状态是令人愉快的，你不在乎自己是否在技能上有所改进。虽然你同样专注，但你并不处于"问题解决"模式中。你不是在分析，而是在行动。你得到的反馈是积极的，因为你的挑战与技能水平相匹配，你感到自己掌控了一切。

心流体验让你"漂浮"，从而忘记了时间，感到毫不费力。换句话说，刻意练习发生在准备阶段，而心流体验则发生在执行阶段，如图 4-10 所示。

刻意练习带来的满足感与心流体验不同，它们是积极体验的不同种类。刻意

练习的每个基本要素都很简单：一个明确的目标、全神贯注的努力、及时的反馈、持续的反思和完善。

图 4-10　刻意练习发生在准备阶段 心流体验发生在执行阶段

要想脱颖而出，关键在于进行高质量的、深思熟虑的练习，而不是长时间的蛮力训练。让刻意练习成为你的习惯，找到你最舒适的时间和地点进行刻意练习，并将其固定下来，因为习惯是克服困难的有力工具。

能量补给站

史蒂芬·柯维，罗杰·梅里尔，丽贝卡·梅里尔. 要事第一[M]. 北京：中国青年出版社，2016.

蒂莫西·费里斯. 每周工作 4 小时[M]. 北京：文化发展出版社，2017.

桦泽紫苑. 为什么精英都是时间控[M]. 长沙：湖南文艺出版社，2018.

博恩·崔西. 吃掉那只青蛙[M]. 北京：机械工业出版社，2017.

爱德华·L. 德西，理查德·弗拉斯特. 内在动机：自主掌控人生的力量[M]. 北京：机械工业出版社，2020.

万维钢. 佛畏系统：用系统思维全面提升你的决策力[M]. 北京：新星出版社，2022.

米哈里·契克森米哈赖. 心流：最优体验心理学[M]. 北京：中信出版社，2017.

马丁·塞利格曼. 真实的幸福[M]. 沈阳：万卷出版公司，2010.

史蒂芬·科特勒. 跨越不可能[M]. 北京：中信出版社，2021.

安德斯·艾利克森，罗伯特·普尔. 刻意练习：如何从新手到大师[M]. 北京：机械工业出版社，2016.

第5章

复盘成长——
每次经历，都是成长的素材

5.1 目标校准：用反馈保证你的航向正确

5.1.1 你的航向对了吗？用反馈校准你的航线

确立目标并制订行动计划之后，我们便进入了执行的循环阶段。在这一阶段，定期进行反思对于确保我们不偏离目标轨迹至关重要。缺乏这种反思可能导致执行过程中错误的逐渐累积。刻意练习的核心在于其反馈机制，这一机制在练习的循环中发挥着至关重要的作用。通过不断地接收和响应反馈，我们能够逐步调整和优化行动，使这一循环成为推动进步的正向过程。

复盘，这一概念源自围棋，指的是在对局结束后重新审视每一步棋的过程。这个过程不仅可以帮助棋手回顾自己的决策，还能发现潜在的改进空间，从而提升棋艺。在围棋中，复盘是对每一步棋的深思熟虑，旨在从经验中学习，优化策略。

复盘不是仅仅机械地重复之前的步骤，而是要深入思考每一步的逻辑，过滤情绪影响，以一种更客观的视角来审视整个对局。通过这种方式，棋手能够识别出哪些是关键手，哪些是错误手，哪些是精妙手。

在围棋界，复盘被视为提升棋艺的关键方法，尤其是当有高手指导时，他们能指出棋手可能忽视的要点，从而迅速提升棋手的视野和理解。

在不断变化的外部环境中，复盘是我们更新认知、适应新局势的关键工具。复盘能确保我们在无意识的日常重复中不偏离既定的目标。否则，盲目的重复只会使我们与目标背道而驰。重复性工作容易引发疲惫和动力的减退，而适时的复盘则提供了反思的机会，让我们在小成就中得到认可，从而维持前进的动力。

习惯之所以强大，是因为它们能产生复利效应。就像投资一样，小小的改变，通过日积月累，最终会带来巨大的回报。但如果我们只关注局部，就会忽略整体，失去方向。定期的复盘就像是站在镜子前，既可以看到自己的全貌，又可以及时做出调整。它不仅帮助我们重新审视行为，更能确定自己的身份定位。

当一个目标变得不再现实，我们就需要勇敢地放手。这并不意味着失败，而是智慧的选择。有时，我们可能低估了实现目标的难度，或者在追求过程中遇到了意料之外的变故。这时，我们需要重新审视自己的选择。我们已经投入了大量的时间和精力，这些沉没成本让我们难以割舍。但有时候，我们必须承认，继续坚持可能只会让我们离真正的目标越来越远。

放弃并不容易，特别是当目标与我们的身份认同紧密相连时。但我们必须学会在该坚持的时候坚持，在该放手的时候放手。在决定是否放弃之前，让我们问自己几个关键问题：我愿意投入更多的时间和精力吗？我愿意付出更大的努力吗？我有寻求专家的帮助吗？如果答案是否定的，那么也许是时候考虑放手了。我们还需要问自己：这一切行动是否代价太大？我是否会因此不高兴？是否需要放弃其他重要的目标？如果答案是肯定的，那么我们也应该认真考虑放手。

一旦决定放手，就要彻底。不要在这个问题上内耗，不要纠结于一个无法实现的目标。反复思考只会让我们在潜意识中无法解脱。放手并不意味着旅程的结束，而是新开始的起点。我们需要找到一个新的目标，继续前进。学会放手，是为了更好地成长。让我们用这些问题作为指南，帮助我们在追梦的路上做出明智的选择。请记住，每一次放手都是为了迎接更好的自己。

丹尼尔·卡尼曼在《思考，快与慢》中提到了大脑的两个系统：系统 1 和系统 2，即双系统理论，如图 5-1 所示。

图 5-1　双系统理论

我们在追求目标和执行计划时，往往会依赖系统 1 的直觉经验进行快速思考。复盘则是我们在这种高速运转中设定的休息区，它允许我们停下来，启动系统 2 的深思熟虑和逻辑分析，重新审视那些由直觉驱动的决策。基于丹尼尔·卡尼曼的双系统理论，复盘的具体作用体现在以下 4 个方面。

（1）识别和纠正偏见：我们的决策过程常常受到各种认知偏见的影响。这些偏见可能无形中扭曲了我们的判断，导致我们偏离了正确的航向。通过复盘，我们可以识别并理解这些偏见是如何影响我们的，学习在未来如何减少它们的负面影响，从而做出更加明智的选择。

（2）从错误中学习：错误是成长的基石。在复盘时，我们必须勇于直面错误，分析其成因，并将这些教训应用到未来的决策中。这样做不仅能够防止我们重复同样的错误，还能促进个人和职业的成长，使我们在面对挑战时更加坚韧不拔。

（3）改进决策过程：复盘提供了一个宝贵的机会，让我们能够回顾和评估自己的决策过程。通过这一过程，我们可以发现决策中的不足之处并学习如何进行改进。这使我们的决策更加基于证据和逻辑，从而提高决策的质量，确保我们的每一步都坚实而有力。

（4）及时反馈：反馈就像航行中的罗盘，为我们提供方向上的指引。在绩效管理中，及时的绩效反馈可以使团队快速调整目标和策略，以适应变化的情况和需求。它帮助我们识别成就与寻找改进机会，增强自信心和动力，同时揭示了需要改进的领域。这种积极的反馈循环不仅促进了个人的成长，也推动了团队向着共同的目标前进。

通过这种方式，我们能够识别并调整系统 1 可能带来的偏见和盲点，确保在必要时能够更多地利用系统 2 进行更全面和审慎的决策。复盘不仅是一种技能，它更是一种生活方式，使我们能够在不断变化的世界中获得持续成长和进步的艺术。

在复盘时，我们还需要注意这些小细节：

避免过于乐观：我们总是容易低估达成目标所需的时间、金钱和精力，通常把问题归咎于外部因素，却忽略了过程中的挑战。因此，让我们像旁观者一样客观地评估自己，这样得出的结论才会更加真实。因为乐观容易让我们忽视困难，而过分悲观则让我们裹足不前。我们需要找到两者之间的平衡点。自满是学习的天敌。即使自认为是专家，也要保持学习的心态，因为总有进步的空间。

反事实思维：是一种心理模拟，它让我们想象如果事态发展得不同，结果会怎样。这种思维帮助我们为未来制订行动计划，增强处理类似事情的信心。当面对不好的结果时，我们常常会幻想"要是……就……"。这种反事实思维虽然能让我们反思，但过度则会带来负面情绪。我们需要学会接受现实，并从中吸取教训。这样可以让我们意识到问题的真正原因，并为未来的行动做好准备。

5.1.2　每日精进：GRAI复盘法，每天做对的事

复盘，就是重复做对的事。它鼓励我们反复实践正确的行为，不断纠正错误，将成长转变为一种习惯。复盘是为了深入理解事物的本质，确保不再重蹈覆辙，传承宝贵的经验，从而提升个人能力，总结经验规律，并将其固化为流程。

具体而言，复盘涉及反思过去的经历，梳理当前的状况，并为未来的成长打下基础。它是一种思维和行动的有序流程，帮助我们深入分析问题，找到解决方案并通过经验的积累来增强个人能力。复盘要求我们进行深入的反思和持续的改进。在复盘的过程中，回顾目标（Goal）、评估结果（Result）、分析原因（Analysis）、总结经验（Insight）是4个核心环节，如图5-2所示，它们共同构成了GRAI复盘4步法的完整流程，帮助我们系统反思与提升。

图 5-2　GRAI 复盘 4 步法

复盘的应用不仅限于围棋，它也被广泛应用于企业管理和个人成长。柳传志在 2001 年联想投资成立时，正式将复盘概念引入企业管理，并在 2011 年将其进一步推广。陈中所著的《复盘》一书详细阐述了复盘的方法论。柳传志倡导的复盘 4 步法是联想集团的核心方法论，包括以下关键阶段：

回顾目标：审视项目或任务开始时设定的目标和期望。

评估结果：将实际取得的成果与最初设定的目标进行比较分析。

分析原因：深入探讨成功或失败的原因，包括内外部的各种因素。

总结经验：从经验中提炼出可供未来参考的规律和原则。

这 4 个阶段共同构成了复盘的框架，帮助我们在不断的实践中学习和成长，最终实现个人和组织的持续进步。

G-Goal 回顾目标：

复盘的第一步是审视最初的目标，这一步非常关键。在回顾目标时，我们重点分析目标是否已经实现以及是否有任何偏差（见图 5-3）。目标不仅指引着我们的行动方向，还是评估成果的标准。通过比较实际成果和预定目标，我们可以明确地判断任务成功与否。

图 5-3　G-Goal 回顾目标

在回顾目标时，我们必须确保所讨论的目标是行动时真正追求的，而非事后附加的。要通过提问来验证目标的真实性：这是否确实是我们的初衷？这是不是我们的终极追求？我们是否将手段误作目标？例如，阅读的真正目的在于增加知识，增进理解，但我们有时却错误地将"读完书"作为了目标。

为了更有效地回顾目标，一个实用的技巧是将目标清晰地展示出来。可以将目标书写在显眼的位置，如白板或投影屏幕上，以便在复盘过程中随时查阅。这种做法有助于我们在讨论中始终保持对目标的关注，确保我们的复盘始终沿着正确的方向进行。

R-Result 评估结果：

评估结果标志着复盘过程中分析和反思的开始。我们的目标代表了期望达成的成果，而结果则是实际完成的情况。通过比较二者，我们可以识别出期望与现实之间的差异，并进一步分析造成这些差异的原因，探索更有效的目标实现策略。结果与目标的比较可能揭示 5 种情况，如图 5-4 所示。

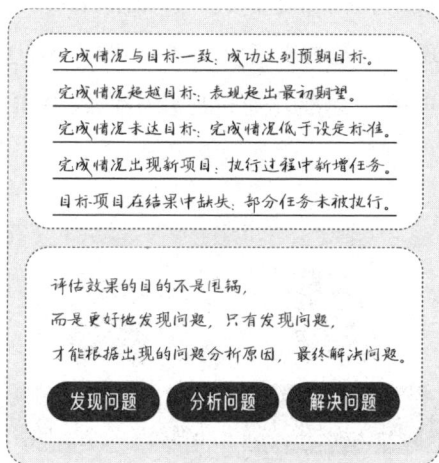

图 5-4　R-Result 评估结果

（1）结果与目标一致，意味着我们成功达到了预期目标。

（2）结果超越了目标，表明我们的表现超出了最初的期望。

（3）结果未达到目标，显示我们的完成情况低于设定的标准。

（4）结果中出现了新项目，这可能是在执行过程中新增的任务。

（5）目标中有的项目在结果中缺失，这表明有关任务未被执行，这种情况与未达到期望值有所不同，因为它涉及行动的缺失。

在结果比对中，除了与原定目标对比，还可以与行业内的标杆或最佳实践进行对比，这种方法称为"对标"。"对标"有助于我们发现差距，并从中学习以提升到更高的水平。例如，美国作家富兰克林通过与《观察家》杂志上的文章进行对比学习，提高了自己的写作技能。

结果比对的真正目的在于发现问题，而不仅仅是发现差距。我们应关注为什么会有这样的差距，并在出现差异的地方提出疑问。结果比对为"原因分析"提供了一个明确的分析点，指导我们在与目标不符的地方进行深入分析。

除了关注最终结果，我们还应关注过程中的阶段性结果和各个动作的执行结果。每个动作执行到位是获得良好结果的关键。在围棋中，有时一步关键的棋（"胜负手"）就能影响整局的胜负。因此，在复盘时应有意识地关注每个动作的执行情况。

评估结果时，应将结果清晰地展示出来，以便在复盘过程中随时参考，确保讨论始终围绕关键点进行。

A-Analysis 分析原因：

分析原因在复盘中至关重要，它决定了复盘的成效。要深入分析原因，我们可以从与预期不一致的地方开始。在围棋复盘中，胜负手、恶手和疑问手是关注的重点，它们分别代表着超出预期的胜利、未达预期的失败和不确定的变化。这些不一致之处为我们提供了分析的起点，引导我们提出"为什么"的问题，从而进入深入分析的轨道。

在复盘时，我们应识别并专注于那些关键点，这些关键点是事情成功或失败的决定性因素。通过对这些关键点的深入分析，我们可以发现问题的根本原因。一旦我们提出了"为什么"，就应该持续追问，直至找到最终原因。此时可以用前面提到的"连续追问法"，通过多次提问来揭示问题的本质。

在分析过程中，问题应该有序地展开，层层递进（见图 5-5）。问题通常涉及 3 个层面：信息层面、逻辑层面和假设层面。在信息层面，我们回顾目标和过程；在逻辑层面，我们探索信息之间的关系；而在假设层面，我们审视思考的前提。这种多层次的分析有助于我们全面理解问题，从而找到解决问题的新措施。

此外，反思做事的动机也很重要。正确的动机是确保我们朝着正确方向努力的前提。如果初衷错误，即使执行得当也可能无济于事。除此之外，我们还需要反思自己的行为和态度。这包括我们做事的积极性、主动性，以及我们是否注重

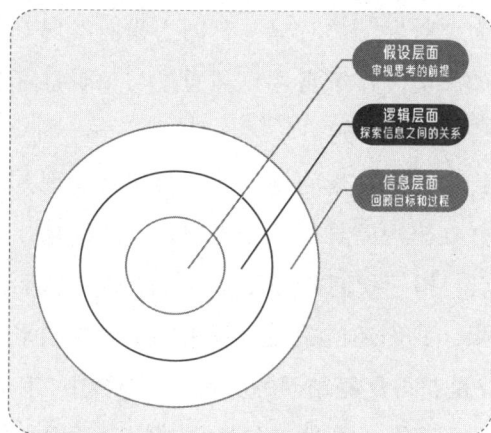

图 5-5　A-Analysis 分析原因

成长和表现。通过反思自己的态度和方式，我们可以更好地理解如何将认识到的规律有效地运用到实践中，从而在未来的行动中取得更好的结果。

I-Insight 总结经验：

在分析原因后，我们通常能够更新认识、总结规律、提炼方法，并确定行动措施。然而，正确的规律和认识并不总是那么容易得出，因此我们不应急于下结论。过于草率或迅速得出的结论很可能是错误的。为了避免这种情况，我们需要对分析原因后得到的规律和认识进行推演，以排除错误的总结，寻找真正的规律。

复盘得出的结论必须经得起逻辑的检验，不能建立在偶发性因素上。我们应避免将相关关系误认为因果关系，如错误地认为加班的员工就是好员工，或者绩效高的员工一定是好员工。

为了确保复盘结论的有效性，我们还需要进行交叉验证。交叉验证，是指通过多个角度和证据来验证结论的可靠性，避免因单一信息源而得出错误的结论。

复盘的结论还必须是可指导行动的，以便我们能够将其应用于实践并提高效率。如果复盘结论不能在其他情境中应用，那么很可能是错误的。例如，将迟到归咎于他人行为，这些都是不可控的外部因素，不能作为有效的复盘结论。

在复盘时，我们还应该关注可控和半可控的因素，这些是我们能够改进和提高的部分。复盘的结论应该指向我们可以控制和影响的行动，以帮助我们在未来的实践中取得更好的成绩。

复盘的总结是一个在忙碌中寻找平衡的过程，它要求我们识别并保持有益的习惯，同时明确哪些做法需要改进，哪些短板需要补齐，以及哪些行为应当停止。KISS 复盘模型为我们提供了一个清晰的框架，帮助我们在总结时理顺思路，从而确定哪些行为需要保持、改进、停止或开始，如图 5-6 所示。

图 5-6　I-Insight 总结经验用 KISS 复盘模型

（1）保持（Keep）：对于那些已经被证明是正确的做法，我们应该像珍视宝贝一样珍惜它们，并不断地实践，使之成为我们成功路上的加速器。这些做法是我们的核心竞争力，应该被保留并不断强化。

（2）改进（Improve）：对于现有的流程和做法，我们应该追求精益求精，不断寻找优化的空间。这意味着我们要对每一步骤进行细致的审查，确保每一步都能更加稳定和精确，从而提高整体的效率和效果。

（3）停止（Stop）：对于那些错误或无效的做法，我们需要有勇气果断停止。这不仅是为了避免资源浪费，也是为了确保我们不会在错误的道路上越走越远。学会做减法，可以帮助我们更专注于那些真正重要的事务。

（4）开始（Start）：对于我们尚未尝试或需要填补的空白，我们应该勇于学习和探索。这意味着要不断学习新技能、尝试新方法，从而补齐我们的短板，确保我们的成长和发展不断向前。

在这个过程中，我们最需要注意的，就是"停止"的部分。它不仅是规避错误，更是在为更好的未来铺路。

KISS 复盘模型的核心是快速、简洁、有效。通过 KISS 复盘模型，我们可以更有条理地进行总结，确保我们的行动计划既有针对性又全面，从而在不断变化的环境中保持竞争力和成长性。

复盘的目的是指导未来的实践，帮助我们在后续工作中取得更好的成果。因此，我们在得出结论后，还需要对这些结论在实践中的运用情况进行推演，以确保它们能够在不同情境中得到有效应用。通过这种方式，我们可以不断修正结论，最终获得真正的知识，提升结论的水平。

5.2　行动优化：通过系统化方法提升执行效率

5.2.1　效率提升：ECRS 模型简化工作流程

在复盘的过程中，我们常常面临一个核心问题：如何通过简化流程和决策，去除不必要的环节？KISS 复盘模型鼓励我们寻求简单、直观的解决方案，以提升效率和可维护性。

然而，KISS 复盘模型虽然给出了"保持简单"的总体指导，但它并没有提供具体的操作步骤，这可能会让实践者在执行时感到困惑。那么如何定义"简单"？如何进行有效的"减法"呢？

在这一点上，ECRS 分析法能够提供有效的补充。ECRS 分析法通过四个具体的行动指南——消除、合并、重排、简化——提供了一个清晰的操作框架，帮助我们系统地改进流程（见图 5-7）：

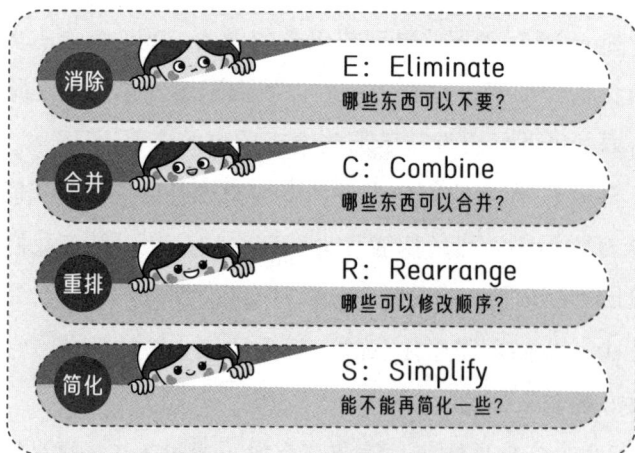

图 5-7　ECRS 分析法

①消除（Eliminate）：识别、去除那些不增加价值的步骤，减少冗余和浪费。

②合并（Combine）：将多个步骤或任务合并，以提高效率和减少切换成本。

③重排（Rearrange）：重新安排任务的顺序，以优化流程和提高工作效率。

④简化（Simplify）：对剩余的步骤进行简化，使其更加易于执行和理解。

ECRS 模型的好处：

①时间管理：通过 ECRS 分析法，我们可以更好地管理时间，专注于最重要的任务。

②目标清晰：它帮助我们清晰地界定目标，去除那些无关紧要的干扰。

③持续改进：ECRS 分析法鼓励我们不断审视和改进自己的行动计划。

④简化生活：通过简化日常任务，我们可以减少压力，提高生活质量。

利用 ECRS 分析法进行"舍弃"是提高效率的关键步骤。按照"E→C→R→S"的顺序进行思考，可以帮助我们识别并消除不必要的元素。首先，E（Eliminate）代表消除，意味着审视流程中的每个环节，确定哪些环节可以完全去除而不影响整体效果。如果某些步骤或任务无法舍弃，接下来考虑 C（Combine），即合并，看是否有可能将多个任务或流程合并，以减少复杂性和时间消耗。

如果合并不可行，再考虑 R（Rearrange），即重排，这可能涉及重新安排工作流程、调整人员配置或重新分配资源。最后，如果前三个步骤都不适用，再考虑 S（Simplify），简化流程，使其更加高效和易于管理。

通过这种顺序，ECRS 原则提供了一种系统的方法来优化流程和减少不必要的工作，从而提高整体的工作效率和效果。在实施改进方案时，始终牢记 ECRS 原则，可以帮助我们找到最具成本效益的解决方案。

如何使用 ECRS 分析法？

假设你的目标是提升个人技能，比如学习一门新语言：

E-Eliminate（消除）：消除那些占用你大量时间但对学习新语言没有帮助的活动，比如长时间观看电视剧。

C-Combine（合并）：将你的语言学习与其他任务结合起来，比如在做家务时听语言学习播客。

R-Rearrange（重排）：重新安排你的学习时间，确保在你最清醒、注意力最集中的时候进行语言学习。

S-Simplify（简化）：简化你的学习方法，去除那些复杂的学习工具，专注于最有效的几个。

通过结合 KISS 复盘模型的指导思想和 ECRS 分析法的操作步骤，我们可以更有效地优化流程，确保我们的工作和决策既简单又高效。这两种方法的结合，不仅帮助我们识别和消除不必要的复杂性，还提供了实现这一目标的具体路径。

5.2.2 持续改进：PDCA 循环的策略与实践

从设定目标到放弃目标的过程中，许多人只停在想法上而不去尝试，因为很多东西不明朗，处在一个模糊地带。目标、方向和方法的不明确性是造成焦虑和犹豫的根本原因。在缺少清晰指导原则的情况下，持续改进和问题解决的努力往往让人感到困惑，难以掌握如何有效地规划和执行目标。

此时，PDCA 循环提供了一个清晰的行动框架。这个循环由统计学家沃尔特·A.休哈特在 20 世纪初提出，并在"二战"后由沃特·阿曼德·休哈特和爱德华兹·戴明进一步发展和推广。

通过这个循环，我们可以清晰地设定目标和方向。帮助我们打破想而不动的局面。此外，PDCA 循环还鼓励我们不断尝试、学习经验，并根据这些经验进行下一次尝试。宝贵的经验往往不是通过周密计划就能获得的，所以我们应当接受开始的不顺利。通过不断尝试和改善，选择恰当的手段，我们才能获得期望的结果。

通过将 PDCA 循环构建成一个框架，我们可以将行动变得自动化，从而提高效率。这种框架实际上是我们潜意识中形成的思考模型，通过重复应用，我们可以深化这一模型，并灵活地将其应用于不同的情境。

为了建立自己的框架思维，我们需要确保选择和目标是出于内心的热爱，而不是外界的标准。当我们从内心出发设定目标，并将其细化为具体的计划和步骤时，我们就可以使用 PDCA 循环来逐步改进这些计划。

PDCA 循环正是用来解决问题和持续改进的工具，它从建立假设开始（Plan），随后通过实践来验证这些假设（Do），然后对结果进行检查（Check），并基于检查结果进行改善（Act）。

要使 PDCA 循环有效运转，关键在于可视化、系统化和习惯化这 3 个原则。

可视化意味着让工作流程清晰可见，可以通过图表、思维导图或其他视觉工具来展现。这样做有助于我们更直观地理解流程，并识别潜在的改进点。

系统化涉及创建一个支持 PDCA 正向循环的系统，使得行动更加自然和不费力。系统化的关键在于它的可复制性，确保流程可以在不同情境下重复应用。

习惯化则要求我们将 PDCA 循环内化为习惯，通过与时间管理相结合，降低行动难度，使得这一循环变得自然。

PDCA 循环是一种全面的问题解决方法和持续改进策略，它能够解决计划制订和执行过程中的多个常见问题：

（1）目标设定不明确：PDCA 循环的计划阶段要求明确具体的目标和方向，确保目标具有可衡量性。

（2）缺乏系统性规划：PDCA 循环帮助系统化地识别关键任务、里程碑和资源需求，形成全面的行动计划。

（3）执行不一致：执行阶段确保行动与计划保持一致，减少执行过程中的偏差。

（4）监控和跟踪不足：检查阶段通过监控和评估执行结果，及时发现并解决问题。

（5）反馈和调整不及时：行动阶段基于检查阶段的反馈进行及时调整，以持续改进计划。

（6）标准化不足：PDCA 循环鼓励将有效实践标准化，形成可复制的流程，降低不确定性。

（7）持续改进的缺失：作为一种迭代循环，PDCA 促进持续改进，鼓励不断学习和适应。

（8）资源分配不当：计划阶段要求合理分配资源，确保关键资源得到有效利用。

（9）风险管理不足：检查和行动阶段有助于识别和管理潜在风险，减少不确定性。

（10）沟通和协作问题：PDCA 循环强调团队间的沟通和协作，确保计划的有效执行和目标一致性。

PDCA 循环包括以下 4 个阶段，如图 5-8 所示。

计划（P-Plan）：在计划阶段，关键在于设定明确且具体的目标，并将其量化以便于跟踪和执行。具体的目标有助于我们清晰地界定实现目标所需的步骤和资源。接下来，我们需要制订一个切实可行的计划，这包括识别关键任务、设定里程碑、分配必要资源，以及明确预期成果。

面对新任务时，我们首先要进行自我评估，判断任务的必要性，这与巴菲特

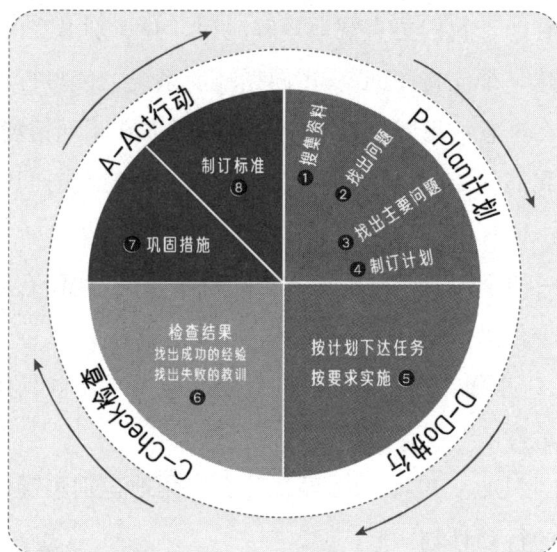

图 5-8　PDCA 循环 4 个阶段 8 个步骤

的二八法则相呼应。通过识别并专注于那 20%至关重要的任务，我们可以更高效地利用时间和资源。一旦确定了优先级，我们需要决定是立即着手还是将其纳入现有任务的后续计划中。

在这一决策过程中，可以运用 ECRS 原则来简化工作流程，从而提高执行效率。通过消除不必要的步骤、合并相似任务、重新安排工作顺序，以及简化流程，我们可以使工作变得更加直接和高效。这样的简化不仅减轻了工作负担，而且提高了整体的工作效率。

执行（D-Do）：执行计划时，我们要做的是把计划变成实际行动，按计划行事，并确保一切朝着目标进行。有时候，坚持记录 PDCA 笔记可能会很难，特别是当我们高估或低估了自己的时间时。完美主义者可能会因为一点儿小差错就感到失败，但 PDCA 的真正意义在于逐步调整计划，让它更符合实际情况。

要记住，犯错很正常，它们其实是你改进的机会。有时候，我们并不是不够努力，而是太努力了。像彼得·德鲁克这样的管理大师所言，"用最少的努力获得最好的结果才是提高效率的秘诀"。简单来说，就是找到最有效的方法，而不是一味地埋头苦干。

检查（C-Check）：检查阶段是 PDCA 循环的关键，它要求我们对实施的结果进行评估，与计划阶段的目标进行比较，确认我们的假设是否正确，确定计划是否有效，以及是否需要对计划进行调整。

在追求成果时，我们应避免将大部分时间投入到难以产生显著回报的任务上。例如，一个考试得 20 分的学生通过一定努力可能轻松提高到 70 分，但要从 90 分提高到 100 分则要困难得多。这是因为，分数较低的学生往往未充分发挥潜力，而分数较高的学生已经接近他们的极限。如果使用相同的学习方法，进一步提高将非常困难。

在多次考试中，我们常发现 70 分到 80 分是一个常见的成绩区间，这反映了一个合理的努力和回报的标准。有时，我们应思考任务的本质要求：在有限的时间内，达到 70 分到 80 分可能已足够。若有额外时间，再逐步提升至更高水平。

行动（A-Act）：根据检查阶段的发现，采取必要的行动来改进过程。这可能包括标准化成功的实践，修正不成功的做法，并开始下一个 PDCA 循环，以实现持续改进。

因此，PDCA 循环的关键在于不要制订过多计划，而是选择性地集中精力。由于时间有限，过多的计划可能会被日常意外打乱。我们应该简化工作流程，降低行动难度。

PDCA 循环的真正挑战在于它鼓励我们正视失败并将其作为学习的机会。在许多文化中，失败往往被视为负面的，这可能妨碍 PDCA 循环的有效实施。但正是通过持续的试验、评估和调整，我们才能朝着目标稳步前进，并在这个过程中积累宝贵的经验和知识。通过这种方式，PDCA 循环不仅促进了目标的实现，也加速了个人、组织的成长和发展。

总之，PDCA 循环是一个动态的、迭代的过程，它要求我们不断地设定目标、执行计划、检查结果，并根据反馈进行调整。通过这种方式，我们可以确保工作和个人发展始终保持在正确的轨道上。

通过采用 PDCA 循环，我们可以更清晰地设定目标，更有效地执行计划，更系统地检查结果，并更有目的地采取行动。

5.2.3　PDF 方法：个人成长与效率提升的行动框架

成为自由职业者后，我发现自己常常陷入更忙碌却效率更低的窘境。以往在团队中只需执行任务，现在却在决策上感到力不从心。我意识到，缺乏有效的时间管理和项目规划能力是导致这一问题的主要原因。在没有明确指导框架的情况下，我感到很迷茫，不知如何有效规划和执行目标。

PDF 方法（见图 5-9），由联想集团创始人柳传志提出，也称为"柳传志环"。它为我们提供了一个清晰的思考和行动框架，涵盖了事前的预演、事中的执行以及事后的复盘三个关键阶段。PDF 方法不仅聚焦于执行的动作，还重视行动前后的准备和反思，确保了一个全面地学习和持续改进的过程。

与 PDCA 循环相比，PDF 方法更侧重于对单一事件的多次深入分析。PDCA 循环侧重于连续的改进过程，而 PDF 方法则通过多次推演同一事件，提供更深层次的理解和掌握，有助于在每次行动中获得最大的学习和成长。

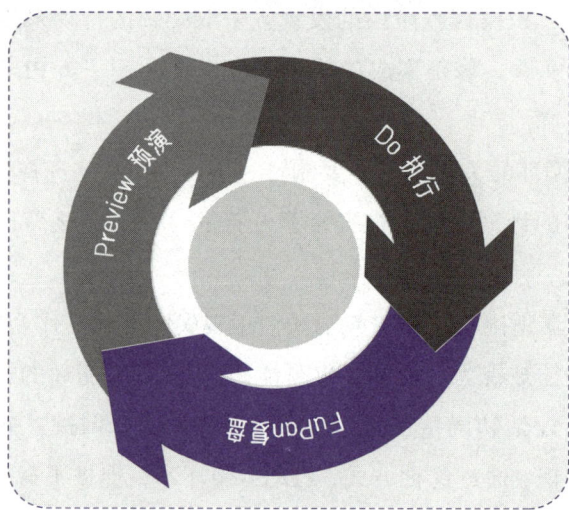

图 5-9　PDF 方法

在实际应用中，PDF 方法能够帮助我们解决工作和学习中的多个关键问题：

——目标设定不明确：通过预演明确具体目标。

——执行不一致：执行阶段确保行动与计划一致。

——监控和跟踪不足：复盘阶段强化监控和跟踪，及时发现问题。

——反馈和调整不及时：复盘提供反馈，指导及时调整。

——资源分配不当：预演帮助合理分配资源。

——风险管理不足：推演和复盘阶段识别和管理潜在风险。

PDF 方法的核心在于三个阶段：

（1）Preview (P) 预演：在行动之前，通过模拟和预测可能的情景，制订预案，减少实际操作中的陌生感和不确定性。

（2）Do (D) 执行：将计划付诸实践，关注执行力，确保按照既定计划行动，同时留意实际执行与预期之间的差异。

（3）FuPan (F) 复盘：行动完成后，回顾整个过程，分析成功和失败的原因，从中学习，提炼经验，为未来的行动提供参考。

PDF 方法的具体使用步骤：

（1）Preview (P) 预演：

——在行动前，进行详尽的规划和模拟，预测可能遇到的情况和挑战。

——制定应对策略，确保对各种可能的结果都有预案。

（2）Do (D) 执行：

——将计划转化为行动，严格按照既定步骤进行。

——在执行过程中，记录关键数据和遇到的问题，以便后续分析。

（3）FuPan (F) 复盘：

——行动结束后，回顾整个过程，包括成功的做法和遇到的挑战。

——分析执行结果与预期目标之间的差异，总结经验教训。

通过 PDF 方法的三个阶段，我们能够更系统地处理工作中的各项任务。"预演"让我们在行动前就可以有充分的准备，"执行"时更能按计划推进，"复盘"则可以帮我们不断优化方法。这个框架特别适合需要独立决策和执行的自由职业者，使每次行动都成为成长的机会。

能量补给站

丹尼尔·卡尼曼. 思考，快与慢[M]. 北京：中信出版社，2012.

陈中. 复盘：对过去的事情做思维演练（实践版）[M]. 北京：机械工业出版社，2017.

詹姆斯·克利尔. 掌控习惯：如何养成好习惯并戒除坏习惯[M]. 北京：北京联合出版公司，2023.

西村克己. 逻辑模型：思考、表达、写作逻辑精进图鉴[M]. 北京：中国青年出版社，2020.

富田和成. 高效 PDCA 工作术[M]. 长沙：湖南文艺出版社，2018.

第6章

习惯动能——
启动自律引擎，让优秀成为习惯

6.1 你还在靠意志力坚持吗：无痛自律养成法则

6.1.1 轻松跨出第一步：如何开始行动

在培养自律习惯的过程中，我们经常面临两大核心挑战：身体的疲惫和精神上的抵触。

身体上的疲惫：繁忙的工作和快节奏的生活消耗了我们大量的精力，当需要培养新习惯时，往往感到力不从心。这种身体上的疲劳很容易转化为精神上的阻碍，因为当精力耗尽时，动力也会随之消失，最终导致身体和精神状态都变得很懒散。

精神上的抵触：即使在精力充沛的时候，我们也可能对需要坚持的行为产生本能的抵触情绪。这时，我们的感受与长期的健康目标发生了冲突。强迫自己去锻炼，虽然出于自我要求，但这种强迫感让跑步变得不那么愉快，消耗了我们宝贵的意志力。

为什么意志力发挥不了作用？

意志力虽然重要，但它是有限的资源。研究表明，过度依赖意志力往往导致自我损耗，使人更容易放弃。真正有效的改变策略是建立不依赖意志力的自动化系统。

持久的改变更多依赖于习惯的自动化，而非单纯的消耗意志力。实际上，即使在强烈愿望和计划的驱动下，人们仍可能延续旧有的行为模式。我们的决策力和意志力都是有意识思维特征的，它们在执行控制功能中发挥作用。与此同时，我们的思维中还存在负责建立行为模式的无意识部分，即习惯。这些习惯在我们无意识中形成，并在我们不主动控制时自动地发生。

真正自律的人不是意志力超强，而是善于构建良好的习惯系统，让优秀行为变得自动化。他们往往拥有良好的习惯，这些习惯使他们能够轻松地实现目标。

习惯在我们的生活中扮演着无处不在的角色：它们占据了我们日常卫生行为（如沐浴、着装）的 88%，工作的 55%，以及运动活动中的 44%。即使在休闲时刻，如休息或观看电视时，约有 48%的行为也是自动进行的。简而言之，我们高达 43%的时间是在无意识的习惯驱动下度过的。

习惯的形成需要环境的支持和重复的实践。通过创造有利于习惯形成的环境和重复行为，我们可以减少对意志力的依赖。

习惯形成的三大支柱：环境、重复和奖励，如图 6-1 所示。

图 6-1　习惯形成的三大支柱

环境提供了行为发生的背景，重复启动了习惯形成的引擎，而奖励则是习惯形成的动力。

（1）环境的作用：一个稳定而一致的环境对于培养习惯至关重要。环境中的信号——无论是物理提示、时间线索还是社会信号——都能成为触发习惯行为的有力提示。为了促进习惯的形成，我们可以设计环境，使之提供相对稳定的信号。例如，将运动鞋放在门口可以提醒我们去散步，把健康食品放在厨房显眼的地方可以鼓励我们做出更健康的选择。

（2）重复的力量：神经科学的研究表明，当我们反复执行某个动作时，大脑中的感觉运动回路的神经激活会增强。这种重复不仅加强了神经通路，还促进了基底神经节中的壳核与感觉运动皮质和中脑区域之间的连接，形成了一个强大的感觉运动网络。这意味着，随着我们不断重复某个行为，它会逐渐变得更加自动化，最终成为习惯。

（3）奖励的重要性：奖励是习惯形成中不可或缺的组成部分，尤其是当奖励出乎意料时，它会激发多巴胺的释放，从而促进习惯的形成。不确定性在这一过程中扮演了关键角色，因为它不仅增加了行为的吸引力，还激活了大脑中的奖励机制。然而，奖励的敏感度是衡量习惯强度的一个重要指标。如果一个行为在没有即时奖励的情况下仍然持续存在，那么这个行为很可能已经固化为习惯。人类天生倾向于重复那些能够带来愉悦感的行为。

通过理解这些原则，我们可以更有意识地设计习惯，无论是为了提高个人效率、改善健康还是追求其他目标。通过创造有利于习惯形成的环境、确保行为的一致重复以及确保行为与奖励相联系，我们可以有效地培养积极的日常习惯。

6.1.2　微习惯的魔力：从小进步到巨大成功

我们都明白培养良好的习惯对成功至关重要，但为何总是难以坚持呢？问题可能出现在我们过于重视某个决定性瞬间的影响，而忽略了那些日复一日的细微变化。我们常误以为只有做出巨大的努力，才能实现显著的成就。比如，跑了 200 米与跑了 5 千米相比，似乎微不足道；写了 50 个字与写完一本书相比，似乎不值一提；减了 0.5 千克与减了 10 千克相比，似乎效果不明显。这种对比让我们产生了"要么不做，要做就做大事"的错误心态。

无论是跑步、写作、减肥，还是追求其他目标，我们总是给自己施加压力，希望做出一些能够引起轰动的改变。但这种心态让我们忽视了那些看似微小却能带来深远影响的步骤。

每天比昨天的自己更进一步，哪怕只是微小的 1%，一年后的你将会有巨大的变化。这种改变虽然缓慢，但却能深深扎根，这就是微习惯的力量。

微习惯，就是那些简单到几乎不可能失败的小习惯。它们不需要你付出太多的努力，也不会消耗你过多的意志力。但正是这些小小的行动，在你的生活中可能产生意想不到的巨大变化。

1%的力量是变革的积累：每天 1%的进步会引发巨大变化。

改进 1%并不会特别引人注目，但从长远来看，它可能更有意义。随着时间的推移，一点儿小小的改进就能带来惊人的不同。

每天进步 1%，这样的持续增长体系能确保我们每天都朝着更好的自己前进，效果随着时间变化显著。在新习惯形成前，可能会有看似无变化的阶段，但这是一个需要耐心和坚持的积累过程。就像种子需要时间生根发芽，习惯同样需要时间成熟。

微习惯策略邀请你每天执行 1～4 个微小的行动，它们如此简单，几乎不可能失败，也不会轻易被放弃。这些小行动拥有双重魔力，不仅激励你持续前进，更会逐渐成为你的习惯。

微习惯拥有无限力量，当你的意志力充沛，微习惯策略助你迈出行动的第一步，带来额外的进步。即使你筋疲力尽，意志力耗尽，微习惯策略也能确保你在任何情况下都能采取行动，从而发挥你的最大潜能。

以做俯卧撑为例，微习惯策略建议的目标简单到每天只需完成 1 个。这个目标不仅让你适应做 1 个俯卧撑的想法，而且随着时间的积累，你会发现自己越来越适应这项运动，甚至开始期待每天完成更多数量的俯卧撑。

你可能会惊讶地发现，自己偶尔能超额完成目标。这可以用基础物理学的知识来解释。牛顿第一运动定律告诉我们，静止的物体会保持静止，运动的物体会保持匀速直线运动，除非受到外力作用。一旦你迈出了第一步，你就已经处于运动状态，就像牛顿定律所展示的那样，开始行动后，继续前进的动力会推动你不断前进。

没有什么比亲眼见证自己的行动更能激励自己。将这一切融合，我们得到了一个全新的等式：一小步 + 你的渴望 = 更高的进一步行动的可能性。

大脑对变化的适应：你的大脑就像一只在雪地里漫步的猫，如果变化来得太突然，它会回到熟悉的老路上；但如果变化是缓慢且渐进的，它可能会因好奇而深入探索。大脑天生抵触剧烈变化，而大多数阻力会在两个特定时刻出现。

微习惯策略的精髓在于通过微小的步骤启动行动，设定的目标小到不会失败，从而巧妙地应对内心的抵触。这样的策略让你不再迷茫，不再回到旧日的做事模式。

我们都希望自己能朝着目标稳步前进。要做到这一点，第一个动作必须非常简单，因为它是阻止你前进的第一道障碍。开始行动是挑战中最难的部分，但"最难"是相对的。如果第一步只是轻轻一推，最初的阻力就会小很多。

一旦你迈出了第一步，可能会遇到新的阻力。但别担心，如果你有过类似的经验，就会知道迈出这第一步往往足以粉碎随后的阻力。然而，这种阻力并不神秘，它只是我们大脑对惯性行为的一种自然反应。

你或许已经知道，通过微小的第一步，我们可以巧妙地避开大脑的防御机制。基底神经节可能对剧烈变化保持警惕，但对微步骤却不屑一顾。通过逐渐推进，一次只迈出一小步，我们就能遵从大脑的规则，轻松跨越障碍。

你会发现，随着微习惯的实践，锻炼变得不再困难，写作变得轻松愉快，生活环境变得更加整洁，你一直想做的任何事情都可能实现。

我们的言行举止由无数习惯聚合而成，而这些简单易行的习惯却拥有不可思议的力量，它们是复合增长体系的重要组成部分。习惯是一把"双刃剑"，好习惯能助力前进，坏习惯则可能成为阻碍。因此，理解习惯的细节对成长至关重要。

想要预见未来吗？看看你每天的习惯就知道了。你的支出是否低于收入？你是否有定期健身的习惯？你是否保持着持续学习的热情？这些日常的小选择，虽不起眼，却正在塑造着你的未来。

好习惯是我们前进路上的盟友，坏习惯则是阻碍我们成功的障碍。随着时间的推移，这两者之间的差距将越来越大，决定着未来的成败。

因此，不要小看每天的微小努力。不要为了一时的辉煌而忽视了持之以恒的力量。因为最终是那些看似不起眼的日常习惯，定义了我们的未来。

缓慢的转变速度也很容易让坏习惯驻留下去。我们可能会因为短期内看不到显著的效果而感到沮丧，从而放弃努力。然而，成功是日常习惯累积的产物。

此时此刻你是成就辉煌还是一事无成并不重要，重要的是你当前的习惯是否让你走上了通向成功的道路。你得到的结果是衡量你习惯的滞后指标；你的净资产是衡量你财务习惯的滞后指标；你的体重是衡量你饮食习惯的滞后指标；你的知识是衡量你学习习惯的滞后指标。

如果你想预测人生的终点，你只需要描绘出由微损益连成的曲线，从中看出你的日常选择在未来的十年或二十年里所产生的复合影响。

竹子在生长的头五年几乎看不到，因为它在六周内实现向上猛蹿 90 英尺之前一直在地下建立四处蔓延的根系。这个例子生动地说明了在任何探索的早期和中期，通常都会有一个不如意的低谷区。

人们难以养成持久习惯的核心原因之一是，当人们做了一些小小的改变，过了一段时间后没有看到任何效果，于是就决定放弃。然而，要想实现有效的改变，新养成的习惯需要坚持足够长的时间才能突破无明显变化的平台期（潜能蓄积期）。

外部世界只看到最具戏剧性的薄发一瞬间，而无视之前厚积的漫长过程。但是你要知道，正是你很久以前下的功夫——当时你似乎看不到任何进展，才使得今天的飞跃成为可能。

不求拔高你的目标，但求落实你的系统。

在图 6-2 中，我们可以清晰地区分目标与系统的差异。目标关注的是你期望达成的具体成果，而系统则涵盖了实现这些成果所必需的一系列过程。目标为我们指明了前进的大致方向，而系统则确保我们能够持续地向前推进。如果你在设定目标时投入了大量精力，却忽视了系统设计的重要性，那么可能会遇到一些难以预料的问题。

目标	系统
指向性	循环性
关注结果	关注过程
长期收益低	长期收益高
具体的事	定期做的事
未来实现的事	每天都做一件事
写一本书	每天写200个字
要减肥10斤	每天运动半小时
跑完马拉松	每天跑步30分钟
考90分以上	每天背10个单词

图 6-2　目标与系统的差异

如果你很难改变自己的习惯，那么问题的根源不是你，而是你的系统。坏习惯循环往复，不是因为你不想改变，而是因为你的改变体系存在问题。

习惯就像我们生活中的原子。每个基本单元都对你的整体进步有所贡献。起初，这些惯常举动看起来微不足道，但很快它们就开始相互依存，为更大的胜利注入了动力，其翻倍扩张的程度远远超过了最初投入。

通过理解微习惯的力量，我们可以开始构建一个强大的系统，以实现持久的改变和成功。这需要我们不断地学习、适应和坚持，但通过这些努力，我们可以创造持久的改变，从而实现梦想和目标。

6.2 日常革命：小习惯如何引领巨大变化

6.2.1 习惯塑造：自我认同与行动的一致性

在第 2 章"定位自我"中，我们认识到了设定目标时自我认同的重要性。那些在追求目标时充满活力的人，他们已经将目标融入了自己的身份认同。

那么，如何塑造自我认同呢？其实方法很简单：从微小的行动开始。因为正是这些小步骤触发了意识的转变，持之以恒的行动重塑了我们的记忆，从而塑造了自我认同。

我们通常认为目标驱动行动，但这种驱动力有时却显得脆弱，它可能激发短暂的动力，但真正持久的改变，往往始于行动本身。持久的行为改变始于那些看似微不足道的第一步，然后让意识跟随行动的步伐。自我认同在这一过程中扮演着核心角色。我们如何看待自己，直接影响我们选择采取的行动。

早在初中时期，我们就深刻理解了"实践是检验真理的唯一标准"这一观点。而知识和行动是相互促进的：知识指导我们的行动，而行动又通过积累经验来丰富我们的知识，进而更新我们的思想和认知。

如果你的行为历史告诉你，你总是先完成任务再享受闲暇，那么这种自我认同就会推动你保持一致性。同样，一个人是否能坚持每日跑步，取决于他如何回顾自己的过去。如果一个人常自语"我总是半途而废"，这样的想法就会塑造一个容易放弃的自我形象，下一次面对挑战时他也更容易放弃。

当你的行为和身份完全一致时，你追求的不再是简单的行为改变。你的一举一动都将自然地反映出你所属的那类人的特征。

许多人不假思索地遵循着与他们身份相关的规范，如"我不会分辨方向""我不是早起的人""我记不住别人的名字""我总是迟到""我不擅长技术活""我数学不好"。这些都是限制性的信念，它们阻碍了你的潜力和可能性。

而要打破这些限制，你需要重塑自我。你的目标不是阅读一本书，而是成为一个读者；不是跑马拉松，而是成为一个跑步者；不是学习一种乐器，而是成为一个音乐家。当你的行为与身份融为一体时，你就超越了行为的改变，成了身份的一部分。

如何通过行动塑造自我认同！

（1）从微小行动开始，让神经记忆强化坚持。

当我们没有外界压力而选择行动时，我们相信这件事对自己来说很重要。这种信念会推动我们保持一致性，继续前行。我们通过回顾过去的行为来构建自我认同。这意味着，我们会继续做某件事，因为它已经成为我们自我形象的一部分。我们回顾过去的行为，神经记忆捕捉到这些变化，促使我们重新认识自己，从而坚持那些曾经觉得不可能的事情。

（2）改变日常行为模式。

研究人员发现，信心和自尊往往受到一些看似微不足道的因素的影响。我们常误以为自尊是内在固有的，但其实，提高自尊的秘诀可能就藏在我们日常的行动之中。通过改变行为，我们的意识也会随之改变，不再沉溺于自我批评。

我们使用的语言能够塑造我们的自我形象，并影响我们的未来行动。心理学家一致认为，正面的言语能够改变我们对自己的看法和行为方式。

当全情投入到某项活动中时，我们不仅会做得更好，还会更加享受这个过程。这种全神贯注的体验，能够让我们更加热爱自己所做的事情。

如果你想培养孩子的感恩之心，那就让他们参与到感恩的行动中，参加志愿活动就是一个极好的例子。研究发现，参加志愿活动的青少年更加关心他人。通过这样的行动，孩子们不仅塑造了自己的身份——乐于助人的人，而且这种身份的认同还会让他们更加愿意持续地参与。

（3）在行动中重塑自我。

每一步的完成，都增强了我们继续前进的承诺感。就像读一本书，你读的章节越多，就越难以放弃。神经记忆也是如此，使用得越多，效果越好。这种身份的回顾能够极大地提升神经记忆的效果，帮助我们重置意识，坚持做事。

通过这些简单的行动，我们可以重塑自我认同，但这些习惯如何进行身份构建呢？

6.2.2 身份构建：习惯如何塑造你的人生

习惯是行为的自动化，它们在我们毫不费力的情况下驱动我们的日常行为。然而，习惯的影响力远不止于此，它们还塑造了我们的身份——我们如何看待自己，以及世界如何看待我们。

习惯如何塑造身份？

我们可以将身份的改变视为一个多层次的过程，类似于图 6-3 这样的洋葱模型：

（1）结果变化：这是最外层，涉及具体的成果，如减肥、出版书籍或赢得比赛。

（2）过程变化：这是中间层，涉及习惯和体系的建立，如定期锻炼、整理办公桌或练习冥想。

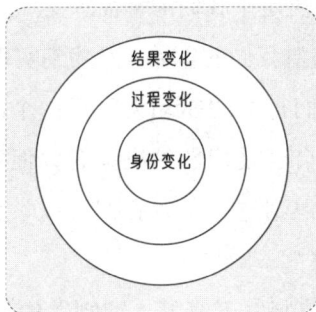

图 6-3　改变身份的洋葱模型

（3）身份变化：这是最内层，涉及信仰、自我形象和价值观的转变。

基于身份的习惯不是关注于达成某个目标，而是关注于成为某种人。这种思维方式的转变使得习惯的持续性更强。例如，不是设定阅读一本书的目标，而是致力于成为一个读者。

我们越是以自己身份的某一方面为傲，我们就越有动力去维护与之相关的习惯。这种自豪感成为我们坚持习惯的强大动力。

如何通过习惯改变身份？

（1）一致性的力量：当你的行为和身份完全一致时，你追求的不再是行为上的改变，而是身份上的体现。你的行为反映了你认为自己是哪种人。

（2）避免内在冲突：人们倾向于避免自相矛盾或内在冲突。如果我们的行为与我们的身份不一致，我们会感到不舒服，这种不适会推动我们改变行为或调整身份。

（3）习惯的反馈回路：习惯的形成是一个反馈回路，你的习惯塑造你的身份，你的身份又反过来塑造你的习惯。这是一个双向过程，你可以利用这一点来促进持久的改变。

习惯不仅仅是日常行为的自动化，它们还是身份的构建块。通过理解习惯如何塑造身份，我们可以更有意识地培养自己的习惯，从而把自己塑造成想要成为的人。这需要时间和努力，但通过持续的小步骤，我们可以逐渐实现目标，并最终成为我们想要成为的人。

6.2.3　行为转变路径：习惯形成的 4 个关键步骤

在追求改变的道路上，我们的行为和幸福受到四大定律的深刻影响。这些定律不仅塑造了我们的行为模式，也决定了我们的幸福感受。让我们以一种温暖且引人入胜的方式，探索这些定律如何塑造我们的生活，并找到实现行为转变的有效途径。

情绪的力量：情绪是我们行为的驱动力。每一个决定，每一次行动，背后都是情感的牵引。我们常以为自己是理性的决策者，但实际上，情绪感受才是推动我们前进的真正力量。当认识到这一点，我们可以学会如何利用情绪来推动我们的行为，而不是被情绪所左右。

自我控制的挑战：自我控制并不容易。抑制欲望只是暂时的，它们并未消失，而是在等待时机爆发。抵制诱惑并不能真正满足我们的渴望，而我们只是选择了暂时的忽略。通过理解自我控制的挑战，我们可以找到更有效的策略来抑制欲望，而不是简单地抵制诱惑。

期望与满意度：满意度与我们的期望紧密相连。我们所追求的与所得之间的差距，决定了我们的满足感。塞涅卡曾说："贫穷并不是太少，而是想要更多。"因此，通过管理我们的期望，我们可以减少失败的痛苦，提高满意度。

幸福的平衡：幸福是一种简单而纯粹的状态——安于现状，无须改变。正如卡德·布德里斯所言："幸福是已得到满足的欲望与酝酿中的欲望之间的空当。"而痛苦则源于渴望与实现之间的距离。找到这两者之间的平衡，便是找到了幸福的钥匙。

习惯是我们生活中的无形节能器，它们减轻了我们的精力负担，将复杂的行为转化为简单的日常。习惯的形成是一个精心编织的过程，分为 2 个阶段和 4 个步骤，如图 6-4 所示。

第一阶段：问题阶段，意识到需要改变。

生活总是充满变数，我们不断面临新的挑战和选择。无论是遭遇挫折、目标未能达成、收到重要人物的负面反馈，还是面对大环境的变动，这些时刻都可能成为我们意识到需要改变的触发点。这是自我意识的觉醒，由外部的提示和内心的渴求共同引领。

图 6-4 习惯形成的 2 个阶段和 4 个步骤

外部的提示就像是一位向导，他以温和的声音提醒我们："是时候采取行动了"。而内心的渴求则是一种更深层次的呼唤，激励我们去追求那些真正对我们重要的事物。

第二阶段：解决阶段，采取行动实现改变。

然后，你勇敢地迈出步伐，进入第二阶段——采取行动实现改变。在这里，反应和奖励成为你的伙伴。每一次行动都是为了解决问题，无论是为了获得满足还是减轻痛苦。每个习惯的诞生，都是为了应对生活中的挑战。

图 6-5 是习惯形成的 4 个步骤——提示、渴求、反应、奖励，它们紧密相连，构成了习惯形成的循环。

图 6-5 习惯形成的 4 个步骤

每一步都是自然而然的，每一步都是必不可少的。它们不仅引导我们解决问题，更是推动我们向前的动力。

（1）提示。提示是触发大脑开始某种行为的线索。它是一个预测回报的信号，可以是外部的，如看到食物；也可以是内部的，如感到饥饿。提示触发了我们对行为的预期。

（2）渴求。渴求是每个习惯背后的动力。它源于我们对改变内在状态的强烈愿望。我们渴求的不是习惯本身，而是它带来的状态变化。渴求因人而异，可以由任何信息触发。

（3）反应。反应是我们实际的习惯行为，它取决于我们的动力和行动的难易程度。如果一个行为需要太多的努力，我们可能不会去做。只有当我们有能力去执行时，习惯才会形成。

（4）奖励。奖励是习惯的最终目标。它满足我们的渴求，并教会我们哪些行为值得被记住并在未来重复。奖励可以是满足需求，也可以是提供教益。

习惯是我们通过重复而形成的自动化行为。习惯最初需要有意识的努力，但随着时间的推移，这些行为逐渐变得不需要太多思考即可执行。习惯的形成始于我们对新情况的反复尝试和大脑对有效反应的识别。

在习惯形成的过程中，大脑扮演着核心角色。当我们遇到新的情况时，大脑会分析当前形势，并有意识地决定如何行动。随着我们不断尝试不同的行为，大脑会学习哪些行为是有效的，哪些行为是无效的。

习惯的形成是一个反馈回路的过程：尝试、失败、学习，然后进行不同的尝试。有用的行为得到加强，而无用的行为逐渐消失。这个过程不断重复，直到行为变得自动化。

要让行为转变发生，必须让行动变得显而易见、有吸引力、简便易行和令人愉悦。遵循这4个原则，我们能够培养起持久且有益的习惯，让它们成为我们成功的基石，塑造我们期望的未来。

6.3　行为转变：利用 4 个原则培养良好习惯

如何将这些原理应用到我们的日常生活中。这一节，我们将详细探讨行为转变的 4 个原则（见图 6-6）。

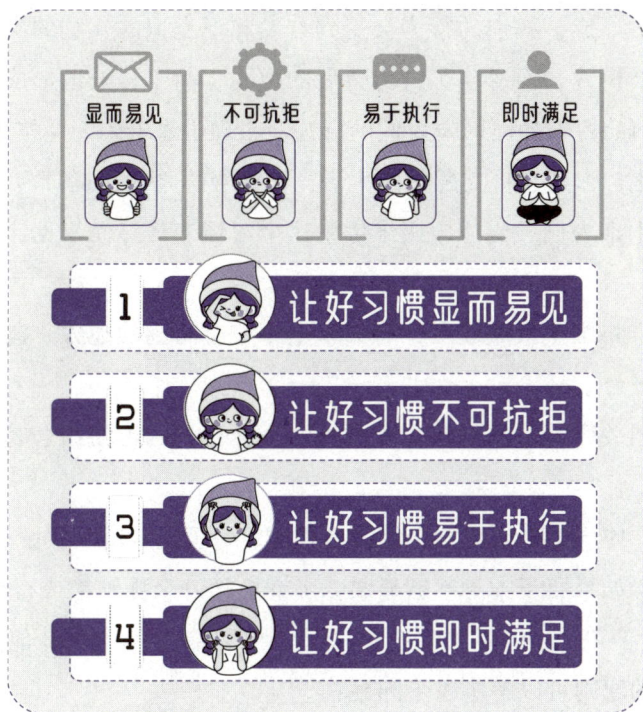

图 6-6　培养好习惯的 4 个原则

6.3.1　让好习惯显而易见

　　你买了一瓶维生素，决心每天服用以保持健康。你把维生素放在药柜里，想着每天早上都会记得。然而，几周后你发现维生素瓶上已经积了一层薄薄的灰尘，你并没有如预期那样每天坚持。尽管你知道这对健康有益，但这个习惯却没有形成。

　　为什么没有形成？原因可能很简单：维生素瓶并没有放在你每天必经的路径上，它没有成为你日常生活的一部分。我们很容易忽视那些不显而易见的习惯，尤其是当它们不在我们的视野中时。习惯是那些我们几乎不假思索就会执行的行为模式，但前提是它们需要被置于我们的意识前沿。

　　人脑就像是一台预测机器，不断地感知周边环境，并分析和处理遇到的所有信息。随着经验的积累，大脑会根据预测特定结果的提示，从而自动化行为。例如，如果你每天早晨都喝一杯咖啡，你的大脑最终会将"早晨"这个时间与"喝咖啡"的行为联系起来。

随着习惯的形成，我们的行为会受到自发和下意识的头脑的支配。我们开始不自觉地陷入旧模式，而忽略了行为背后的原因。为了有效地形成新习惯，我们需要意识到当前的习惯如何影响我们的行为。心理学家卡尔·荣格曾说："除非你让潜意识意识化，否则它将支配你的生活，而你会称之为命运。"

以服用维生素为例。要让服用维生素这个习惯变得显而易见，你可以尝试以下方法：

放置显眼：将维生素瓶放在你每天早上一定会看到的地方，比如浴室的镜子前或厨房的早餐台上。

与现有习惯关联：将服用维生素与另一个你已有的习惯结合起来，比如刷完牙后。

设置提醒：使用手机或智能音箱设置提醒，每天同一时间提醒你服用维生素。

改变包装：如果瓶子本身不够显眼，考虑更换一个更鲜艳或有趣的瓶子。

公开承诺：告诉你的家人或朋友你每天服用维生素的计划，让他们帮助你记得。

显而易见的原则可以解决以下问题：

提高记忆：通过将习惯与日常活动联系起来，减少忘记的可能性。

减少决策：当习惯变得显而易见时，你不需要花费精力去决定是否执行。

增加动力：每天看到维生素瓶可以提醒你关注健康的重要性。

避免拖延：当习惯触发器显而易见时，开始行动变得更加容易。

增强一致性：通过每天在相同的情况下提醒自己，习惯变得更加一致。

怎么样让好习惯显而易见？詹姆斯·克利尔在《掌控习惯：如何养成好习惯并戒除坏习惯》这本书中提出了详细的方法：

（1）创建执行意图：创建执行意图是一种策略，它涉及设定具体的时间和地点来执行某个行为。例如："当 X 情况出现时，我将执行 Y 反应。"这种策略可以帮助我们将新习惯与特定的提示联系起来。

（2）习惯叠加：习惯叠加是执行意图的一种特殊形式，它涉及将新习惯与当前的习惯整合。例如："继当前习惯之后，我将执行新习惯。"

（3）环境的作用：环境对我们习惯的影响巨大。一个优化的环境可以提示和强化积极行为，而一个不良的环境则可能导致坏习惯的滋生。重新布置或重新安排你现有的空间，为工作、学习、锻炼、娱乐和烹饪分别创造单独的空间，有助于形成新的习惯。

（4）避免不良习惯的提示：自我控制需要消耗大量的精力和意志力。长期依赖自我控制来抵制诱惑是不可持续的。消除坏习惯的最实用的方法之一是避免接触引起它发生的提示。现代技术的功能多样化既是优势也是劣势，我们需要有意识地将特定的技术用于特定的习惯。

6.3.2　让好习惯不可抗拒

习惯塑造了我们的身份，决定了我们的生活方式。它们是如此强大，以至于在不知不觉中指导着我们的日常行为。但习惯并非不可改变，事实上，通过科学的方法，我们可以培养出有益的习惯，并消除那些有害的习惯。如何使习惯变得有吸引力，这是行为转变的第二定律。

习惯的形成是一个复杂的过程，涉及多种心理和生理因素。其中，多巴胺的作用尤为重要。多巴胺这种在大脑中产生的神经递质，对于我们理解习惯的形成至关重要。1954 年，詹姆斯·奥尔兹和彼得·米尔纳的实验揭示了多巴胺在渴望和欲望中的关键作用。他们的研究表明，当我们期待奖励时，多巴胺的水平会上升，从而增强我们采取行动的动机。

习惯是多巴胺驱动的反馈回路。从吸毒、吃垃圾食品、玩电子游戏到浏览社交媒体，这些容易形成习惯的行为都与大脑中高浓度的多巴胺有关。有趣的是，这种期待奖励的快感往往比实际体验奖励本身更令人兴奋。

在习惯形成的过程中，渴求和喜欢是两个关键的概念。渴求是我们对即将到来的奖励的强烈欲望，而喜欢则是我们体验到奖励时的感受。科学家发现，对奖励的期待往往比体验本身更能激发我们的愉悦感。这种对奖励的期待可以极大地增强习惯的吸引力。

为了使习惯变得有吸引力，我们可以采用喜好绑定的策略。这种方法基于普雷马克原理，即高频行为会强化低频行为。通过将我们需要做的事情与我们愿意做的事情相结合，我们可以增加习惯的吸引力。例如，如果你需要完成一项工作，但发现自己总是拖延，你可以尝试将这项工作与你喜欢的活动绑定在一起。

社会影响在习惯形成中也扮演着重要角色。我们的习惯在很大程度上受到周围人的影响。我们倾向于模仿亲近的人、群体中的多数人以及有权势的人。这是因为我们天生渴望融入社会，并获得认可和尊重。因此，加入一个与你的目标和价值观相一致的社群，可以极大地提高你养成良好习惯的可能性。

此外，文化对我们习惯的形成有着深远的影响。我们倾向于遵循那些被我们的文化认为是"正常"的行为。因此，了解并融入一个支持你习惯的文化环境，可以帮助你更容易地养成和维持这些习惯。

除了社会影响，个人的内在动机同样重要。当我们的习惯与我们的自我形象和价值观一致时，我们更有可能坚持下去。例如，如果你认为自己是一个健康的人，那么你就会更有可能坚持健康饮食和锻炼的习惯。

为了增强习惯的吸引力，我们可以采取以下策略：

（1）喜好绑定：将你需要完成的任务与你喜欢的活动结合起来，以增加完成任务的动力。

（2）激励仪式：创建一种仪式，将你的日常习惯与积极的情感体验联系起来，从而增加你坚持习惯的动力。

（3）环境设计：设计一个支持你的习惯的环境，包括将诱惑物放在视线之外，或者将有助于习惯形成的物品放在显眼的位置。

要克服坏习惯，我们需要识别它们背后的动机，并尝试替换它们，而不是简单地试图抹去它们。应找到一种新的行为，使它可以满足相同的潜在需求，但是以一种更健康或更有成效的方式。

总之，通过了解多巴胺的作用、利用社会影响、设计激励仪式和环境，我们可以显著提高习惯的吸引力，从而更容易地培养出有益的习惯，并戒除那些有害的习惯。这需要时间和实践的积累，但通过持续的努力，我们可以逐步改善自己的行为模式，实现持久的个人改变。

6.3.3　让好习惯易于执行

我们常常陷入酝酿的陷阱，以至于花费大量时间计划、策划和学习，却从未真正付诸行动。酝酿固然重要，但它不会产生实际结果。真正能带来变化的是行动。

为了克服这个问题，我们需要关注行动的次数而非完美。习惯的形成是一个行为通过重复变得越来越自动化的过程。重复是关键——不是时间的长短，而是频率的高低。

如何让习惯简便易行？

"长时程增强"现象和赫布定律表明，重复可以加强神经元之间的连接，从而形成习惯。因此，要养成新习惯，就需要不断重复。这个过程被称为自动性，它意味着习惯一旦形成，就几乎不需要意识努力。

一个常见的误解是：我们需要长时间才能养成一个习惯。然而，研究表明，行为养成的关键在于重复的频率。无论是 21 天还是 200 次，重要的是你重复行为的次数。

（1）最省力法则：人类行为遵循最省力法则，我们天然地倾向于选择付出最少工作量的选项。因此，要使良好习惯易于形成，我们需要降低它们的阻力。例如，如果你想锻炼身体，提前准备好你的健身装备，让行动变得简单。

（2）两分钟规则：两分钟规则是一个简单但强大的策略，它规定："当你开始培养一种新习惯时，它所用时间不应该超过两分钟。"这个规则的精髓在于将习惯的启动步骤缩减至极小，从而减少开始行动的阻力。

例如，如果你想养成阅读的习惯，不要一开始就设定读一整本书的目标，而是从读一页开始。如果你想做瑜伽，从拿出瑜伽垫开始。这些微小的步骤几乎不需要任何动力，但它们会引导你走上养成习惯的道路。

（3）承诺机制：承诺机制是一种策略，通过当前的选择来锁定未来的行动。例如，通过设置自动储蓄计划或购买有助于习惯形成的产品，你可以在未来自动执行良好习惯。

（4）利用技术：在现代世界中，技术为我们提供了养成自动化习惯的途径。例如，使用应用程序来跟踪你的习惯，或设置提醒来促使你采取行动。技术可以帮助减少养成习惯的阻力，使良好习惯更容易形成。

要让服用维生素变得易于执行，我们可以采取以下策略：

（1）设置显眼的提示。将维生素瓶放在你每天早上一定会看到的地方，比如浴室的镜子旁或厨房的早餐台上。

（2）两分钟规则。把维生素和水放在一起，创建一个简单的习惯："当我早上起床喝一杯水时，我会吃一粒维生素。"

（3）习惯叠加。将吃维生素的习惯叠加到你已有的习惯上，比如："我刷完牙后，会立刻吃一粒维生素。"

（4）准备就绪。提前将维生素和一杯水放在你吃早餐的地方，这样你坐下来吃饭时就可以顺便吃维生素。

通过这些方法，你可以将吃维生素的习惯变得简单而自然，最终使其成为你日常生活的一部分。

通过理解行为转变的第三原则——让它简便易行，我们可以设计出更容易执行的习惯养成策略。无论是通过降低行动的阻力，还是通过技术来自动化我们的习惯，它们的目标都是使良好习惯易于执行、坏习惯难以维持。这样，我们就能更轻松地实现持久的行为改变。

6.3.4　让好习惯即时满足

行为转变的第四定律强调了让行为令人愉悦的重要性。我们自然而然地倾向于重复那些让我们感到快乐的行为。例如，洗手时使用的香皂如果散发着宜人的香味，同时产生丰富的泡沫，这种愉悦的体验会向大脑发出积极的信号，促使我们继续这样做。

口香糖的发展史是这一定律的绝佳例证。19 世纪初，口香糖已经出现，但市场反响平平。直到 1891 年箭牌口香糖的推出，销量才开始激增。箭牌通过添加留兰香和果汁味等风味，使原本无味的口香糖变得美味，这一改变彻底革新了整个行业。箭牌进一步宣传口香糖清洁口腔的功能，其广告语"清新你的口气"深入人心，让嚼口香糖成为一种遍及全球的习惯。

同样，牙膏行业也经历了类似的变革。制造商在牙膏中添加了留兰香、薄荷和肉桂等香料，创造了"清爽口腔"的感觉，使刷牙成为一种愉悦的体验，从而获得了巨大成功。

相反，不愉快的体验会让人们避免重复某些行为。我们倾向于重复那些带来奖励的行为，而避免那些带来惩罚的动作。我们根据过去的奖励或惩罚来学习未来的行为模式。积极的情绪有助于培养习惯，而消极的情绪则会破坏习惯。

值得注意的是，我们追求的是即时满足感。在培养习惯的过程中，立即的奖励比远期的收益更能激励我们的行为。通过确保行为的即时结果是令人愉悦的，我们可以更容易地建立起持久的习惯。

通过理解并应用这 4 条定律，我们可以设计出更容易执行且令人愉悦的习惯养成策略，从而实现持久的行为改变。这些定律共同构成了完整的习惯循环，让我们能够通过显而易见的提示、吸引力、简便易行的方式以及令人愉悦的体验来塑造我们的行为。

然而，这种能力并非仅用于培养好习惯。事实上，这 4 个原则同样可以帮助我们戒掉坏习惯。我们经常知道某些行为对我们的健康或未来有潜在的负面影响，但仍然难以抗拒它们的诱惑，原因在于坏习惯提供的奖励通常是即时的，而其负面后果则需要较长时间才能显现。通过逆转这一动态，我们可以利用同样的定律来识别和避免那些带来即时满足但长期有害的行为。

例如，吸烟或过量饮酒可能会立即缓解压力，但它们对健康的伤害却需要多年后才显现。这种即时奖励和延迟后果之间的不匹配，使得坏习惯难以打破。

与坏习惯相反，好习惯往往需要一段时间才能显现出积极的结果。例如，健康饮食、定期锻炼或学习新技能可能需要数周、数月甚至数年的时间才能看到明显的成效。这种即时的辛苦和延迟的满足感，使得好习惯难以开始和维持。

为了让好习惯更有吸引力，我们需要找到方法来创造即时的奖励。以下是一些策略：

（1）即时反馈：利用技术工具来跟踪你的进步，并为每一个小成就提供即时反馈。

（2）奖励机制：为自己设定奖励，每当你完成一个习惯行为时，给予自己一些小奖励。

（3）社交支持：与朋友或家人分享你的目标，他们的支持和认可可以提供额外的动力。

（4）视觉提示：在家中显眼位置放置提醒你完成习惯和目标的视觉提示。

让坏习惯变得不那么令人愉悦。除了增加好习惯的即时奖励外，我们还可以采取措施以降低坏习惯的即时满足感：

（1）增加障碍：使坏习惯变得更难以执行，如将诱惑物放在不易获取的地方。

（2）替代行为：找到更健康的替代行为来满足相同的需求，如用喝水代替吃糖。

（3）负面反馈：为自己设定负面反馈，每当你屈服于坏习惯时，给予自己一些即时的惩罚。

通过创造即时奖励和降低坏习惯的即时满足感，我们可以更有效地培养和维持良好习惯。这需要策略和实践，但通过持续的努力，我们可以逐步改善自己的行为模式，从而实现持久的个人改变。

6.4　持续改进：日常习惯如何塑造未来

6.4.1　小习惯，大改变：微习惯策略的实践指南

获得持久成果的秘诀是不断进步，永不停歇。无论是在工作、健身、学习还是储蓄方面，只要你持续不断地采取行动，就能取得难以想象的成就。

欲望是推动我们行动的强大力量。然而，抑制欲望通常不会根除它们。相反，我们应该学会管理自己的欲望，并找到满足它们的方法。

情绪在驱动行为方面发挥着关键作用。每个决定在某种程度上都是情感上的决定。了解和利用我们的情绪，可以帮助我们更好地实现目标。

我们的期望决定了自己的满意度。如果我们的期望超出了我们能得到的，我们就永远不会感到满意。因此，调整我们的期望和欲望是实现长期满足感的关键。

在行动前和行动后，我们的感觉会影响自己的行为。渴望和满足感是行为的两大驱动力。通过创造积极的渴望和满足感，我们可以激励自己采取行动并坚持下去。

要实现持久的个人改变，微习惯策略提供了实用的解决方案。微习惯策略是一种基于实证的自我改进方法，它强调通过每天实施微小的行动来逐步培养积极的习惯。

微习惯是指每天只需要极少意志力就能完成的微小行动，它要求我们每天只做一点点，但这种"一点点"累积起来，最终会产生巨大的影响。微习惯策略的核心在于认识到，即使是最小的行动，也能够启动一个连锁反应，最终导致显著的长期变化。

通过将目标分解为微小的步骤，我们可以减少启动新行为所需的意志力，从而更容易地将行为转化为习惯。

选择和培养微习惯时，重要的是要确保目标足够小，几乎不需要任何意志力就能完成。例如，如果你想培养阅读的习惯，你的微习惯可能是每天只看一页书；

如果你想锻炼身体，你的微习惯可能是每天做 1 个俯卧撑。

微习惯的四个步骤：

（1）选择适合你的微习惯和计划：确定你想要培养的习惯，并将其缩小为微习惯。

（2）挖掘每个微习惯的内在价值：明确你为什么想要实现这些习惯，这将帮助你保持动力。

（3）明确习惯依据，将其纳入日程：判断决定你微习惯的是时间还是行为驱动，并将其纳入你的日常计划。

（4）建立回报机制，以奖励提升成就感：在完成微习惯后给予自己奖励，以增强积极行为的回报感。

执行微习惯时，关键是要始终如一。即使在你觉得没有动力或意志力不足的日子里，也要完成你的微习惯。记住，这些行为非常小，几乎不会消耗我们任何意志力，所以我们总是有可能完成它们。

随着时间的推移，你会发现自己不仅能够完成微习惯，而且往往能够超越它们。例如，你可能计划每天做 1 个俯卧撑，但最终做了 10 个。这种超额完成任务的行为是微习惯策略的一个重要组成部分，它能够帮助你增强自信，并逐渐提高你的目标。

尽管微习惯策略非常简单，但在实践中可能会遇到一些挑战。例如，你可能会发现自己在某些日子里难以开始行动，或者在超额完成任务后感到自满。克服这些挑战的关键在于始终关注你的微习惯，并提醒自己最重要的是坚持每天的微小行动。

通过理解和应用微习惯策略，我们可以逐步实现持久的行为改变。通过每天实施微小的行动，我们可以培养出强大的习惯，从而塑造自己的生活和身份。

6.4.2　持久的改变：SCIENCE 模型的 7 个策略

改变往往来得容易，但要使之持久却是一项挑战。在追求长期改变的过程中，我们经常遇到重重困难。幸运的是，心理学的研究为我们提供了一套强大的心理策略，帮助我们在生活和工作中持之以恒，直至实现目标。这套策略被称为"SCIENCE 模型"，如图 6-7 所示。

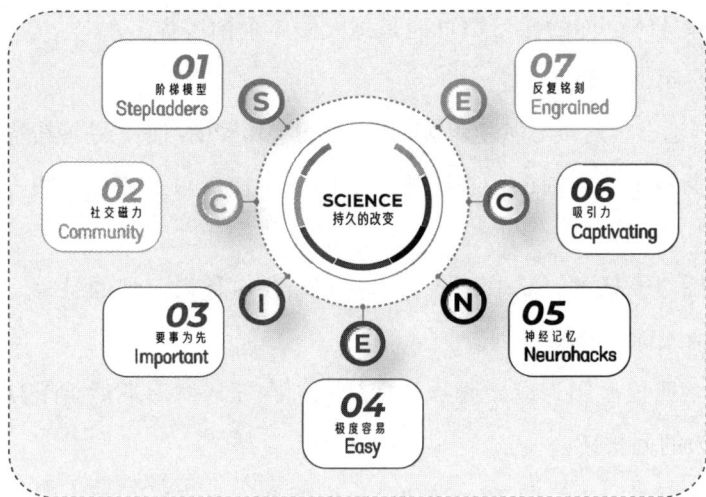

图 6-7　SCIENCE 模型

1. 阶梯模型（Stepladders）

阶梯模型的核心在于将长远的梦想分解为一系列小而具体的步骤。这种方法强调的是"小步快跑"，而不是一次性达成巨大的飞跃。通过专注于第一步，我们可以更容易地开始行动，并且在每一步取得成功后都会增强信心和动力，从而推动自己继续前进。这种方法的关键在于确保每一步都足够小，以至于不会让人感到气馁或压力过大。

2. 社交磁力（Community）

人类是社会性动物，我们的行为和习惯很大程度上受到周围人的影响。社交磁力策略正是利用了这一点，通过建立强大的社群支持网络来促进个人的改变。这种网络可以提供鼓励、资源和责任感，帮助个人克服挑战，坚持到底。研究表明，当社群中有 15% 的积极参与者时，整个社群的影响力会显著增强。

3. 要事为先（Important）

要事为先策略强调识别和专注于对个人来说最重要的事情。这些事情通常与个人的核心价值观和长期目标紧密相关。当人们认为某项活动对他们来说非常重要时，他们更有可能坚持下去。因此，理解自己的价值观和动机是实现持久改变的关键。

4. 极度容易（Easy）

极度容易策略基于一个简单的理念：如果某件事情容易做，人们就更有可能去做。这涉及消除障碍、简化任务和优化环境，使行为改变尽可能简单。例如，如果你想养成锻炼的习惯，可以在家里放置一些健身器材，或者选择离家近的健身房，以减少开始锻炼的障碍。

5. 神经记忆（Neurohacks）

神经记忆策略利用了大脑的可塑性，即大脑根据经验改变和适应的能力。通过重复特定的行为，我们可以在大脑中形成新的心理和神经通路，从而更容易地坚持这些行为。这种方法强调了行为在前的重要性，即通过实际行动来改变我们的思维方式。

6. 吸引力（Captivating）

吸引力策略认识到，如果某件事情能够带来奖励或满足我们的需求，我们更有可能持续去做。这涉及将行为与积极的奖励联系起来，无论是内在的满足感还是外在的奖励。这种方法鼓励我们创造有趣的、令人兴奋的环境和活动，以增加行为的吸引力。

7. 反复铭刻（Engrained）

反复铭刻策略强调通过重复来巩固行为，使其成为习惯。习惯一旦形成，就会变得自动化，不需要太多的意识努力就可以执行。用这种方法例行公事和仪式，以帮助我们在日常生活中坚持新的行为。

虽然每种策略都有其独特的价值，但最有效的方法是将它们结合起来使用。例如，你可以使用阶梯模型来设定小步骤，同时利用社交磁力来获得社群的支持。你也可以通过要事为先的原则来确保你的行为与自己的价值观和目标保持一致，同时使用极度容易策略来消除执行这些行为的障碍。

尽管这些策略提供了强大的工具，但实现持久改变仍然是一个挑战，这需要时间、耐心和持续的努力。人们可能会遇到挫折和失败，但重要的是要从这些经历中学习并调整策略以更好地适应个人需求和环境。

6.4.3 习惯重塑你的生活：6 个步骤实现自我改变

踏上实现梦想的征途，从清晰的理想出发，将它们细化为具体的目标，将目标转化为行动，而后培养成习惯，精进技能，以及拓宽你的舒适区，这每一步都铸就了你不断成长和突破自我的坚实基础。如图 6-8 所示，行为改变的过程被划分为 6 个步骤。

图 6-8　改变行为的 6 个步骤

要将愿望变为现实，秘诀在于暂时将梦想搁置一旁，转而专注于行为本身。

1. 明确的愿望：从梦想到目标的转变

内心深处的渴望是推动我们向前的原动力。但梦想若要成真，就必须将其从抽象的云端拉回到具体的地面。将愿望具体化，让它成为可触摸、可衡量的最终成果。

如果你的愿望是减肥成功，那么将它具体化为：3 个月内减去 2 公斤体重，这样的目标既明确又可实现。

因为那些高高在上的梦想，我们无法一蹴而就。就像你不能指望少吃一顿饭就让你瘦身——真正的改变，需要采取持续的正确行动，随着时间的积累，才能显现成效。

2. 黄金行为：绘制实现愿望的路径

拿出一张纸或打开你的数字工具，让思维放松，围绕你的愿望，绘制出一张行为的地图。每个行为都要简单、明确，易于执行。

可以用前面介绍的曼陀罗九宫格先列出 9 种行为，它们是你实现愿望的候选路径。然后，从漫无边际的想象中抽身，回归现实，评估哪些行为既切实可行，又与你的个人特质完美契合。

记住，同一个愿望，实现它的路径因人而异。有人选择运动减肥，有人则通过调整饮食减肥。因此，找到那条最适合你的黄金之路是成功的关键。

如何发现属于你的黄金行为？

首先，从影响力和能力两个维度出发，寻找那些既能带来显著变化，又在你能力范围内的行为，评估它们的影响力；然后，基于可行性和现实性，对它们进行排序。

考虑这些行为可能带来的影响，问自己五个问题：

你有足够的时间投入吗？

资金是否充沛？

体力是否允许？

是否需要大量的创意或脑力？

这些行为是否能够融入你的日常生活？

通过这样的过程，你将能够识别出那些既能激发你的热情，又能融入你生活的行为。

3. 微习惯：轻松迈出改变的第一步

没有人能够长期坚持让自己痛苦的事情，这是常理。但如果我们从容易的事情开始做起，一切就会变得简单许多。

有时候，事情之所以显得困难，并不是因为任务本身有多难，而是因为我们没有将其拆解成容易执行的小步骤。要让事情变得容易，这里有三种策略：

提升技能：通过学习提升自己的技术能力。

利用资源：使用可用的工具和资源来简化任务。

微小行为：让行为本身变得微小，易于开始。

微行为的两大类别：

入门步骤：如果你想养成每天健步走 1000 多米的习惯，那么入门步骤就是穿上你的运动鞋。实现这一行为的关键在于，不要一开始就设置太高的门槛。每完成一个简单的入门步骤，就是一次小小的成功。这样的成功能够激励你继续前进，提高习惯养成的可能性。

缩小规模：以每天健步走 1000 多米为例，缩小规模可能就意味着从家走到楼下的小卖部。将理想行为缩小到一个极小的版本，这就是你的微习惯。它小到几乎不可能失败，从而让你轻松迈出行动的第一步。

入门步骤可激发行为的开始，而缩小规模有助于养成完整的习惯。

4. 对的提示：寻找有效的行动触发器

在生活中，有些隐形的力量在悄悄推动着我们的行为，这就是"提示"的力量。正如正确的入门步骤能让我们轻松迈出第一步，正确的提示也能让行为立刻发生，它们是我们日常习惯的触发器。

习惯在日常生活中的位置，就像一块块拼图，它们决定了我们的行动是否能顺利进行。一个简单的新习惯，不仅能独立发挥作用，还能带动更多习惯，形成连锁反应，让生活更加高效。

那么，如何设计这些"对"的提示呢？首先，我们需要找到合适的锚点。锚点可以是物理位置、频率或主题，它们是你生活中的已知元素。其次，将这些锚点与你的黄金行为（这些能带来积极改变的行为）联系起来。最后，利用最后的动作优化锚点，让新习惯自然融入生活。

举个例子，我们常常依赖时钟或便签来提醒自己，但这些工具并不总是有效。这里推荐一种更有效的方法：用锚点绑定新的行为习惯。想象这样一个场景：当我送完孩子回到家之后，我会打开电脑开始工作。这就是一个强有力的提示，它将新习惯与日常生活紧密相连。

设计"对"的提示，只需要 3 个步骤：

（1）确定锚点；

（2）将锚点与黄金行为联系起来；

（3）利用最后动作优化锚点。

"顺便习惯"是另一个实用的概念。比如，你可以说："在我喝咖啡的时候，我会打开微信读书。"这样，每天的咖啡时间就变成了知识充电的时间。

通过这些简单的策略，我们可以将好习惯巧妙地编织进日常生活，让它们成为推动我们前进的力量。

5. 及时奖励：情感驱动，习惯自成

行为设计，归根结底是情绪设计。我们的目标是激发积极的情绪，让这些情绪成为习惯养成的催化剂。每当你成功培养一个新习惯，不妨为自己庆祝一番，让成就感成为你前进的动力。

习惯专家们深知，适时的奖励能够激发新习惯的养成。奖励能够激活大脑中的奖励回路，促使大脑迅速释放多巴胺，加强行为与积极感受之间的联系。

奖励的时机至关重要。它可以发生在行为进行中，或是在行为完成的那一刻给予。如果奖励与行为之间的时间间隔过长，比如上午写作，晚上才去看电影，多巴胺就难以在它们之间建立联系。

然而，奖励因人而异。对于一个人来说，可能是一个小小的鼓励，而对于另一个人，则可能需要更个性化的激励。关键在于找到能够触动你内心，激发你行动的那份奖励。

6. 扩大舒适区：拓展个人成长边界

当基础习惯稳定后，我们需逐步提升挑战的难度。这时，我们开始探索自己的舒适区边缘，感受着突破边界所带来的兴奋。

要养成更复杂或更具挑战性的习惯，关键在于了解并识别出自己的舒适区界限。一系列小而频繁的成功，将自然而然地对你产生更大的改变。

许多人认为动机是行为改变的唯一关键，但这并不全然正确。动机确实是推动我们行动的要素之一，但它的多变性使得它更像是一位不可靠的伙伴——它可以与你共享欢乐时光，却不是那个总能在你需要时给予支持的朋友。

在福格行为模型的三大支柱——动机、能力、提示中，动机是最难以捉摸和信

赖的。持久的改变需要的不仅仅是动机，还有对这一事实的深刻理解，这不是性格上的缺陷，而是人的天性使然。

能量补给站

温迪·伍德. 习惯心理学：如何实现持久的积极改变[M]. 北京：机械工业出版社，2021.
肖恩·扬. 如何想到又做到：带来持久改变的 7 种武器[M]. 杭州：浙江教育出版社，2018.
詹姆斯·克利尔. 掌控习惯：如何养成好习惯并戒除坏习惯[M]. 北京：北京联合出版公司，2023.
B. J. 福格. 福格行为模型[M]. 天津：天津科学技术出版社，2021.

续航成长——

正循环的持续旅程

《正循环：六步成长法则》之旅已接近尾声，感谢你与我一同走过这段探索个人成长和效率提升的旅程。在这本书中，我们共同探索了如何点燃内心的热情、找到自我定位、启动梦想计划、分配时间精力、学会复盘反思并养成良好习惯，从而实现积极的改变。

感谢你阅读本书，并对书中的理念持开放态度。每个人的成长之路都是独一无二的，期待你实践这些理念，找到最符合你个人节奏的行动方案。

在这个纷扰的自媒体时代，我们经常被各种"必做"清单包围，如"30岁前一定要读的书"或"35岁前要完成的人生目标"。这些声音可能会打乱我们的节奏，扰乱我们的步伐。村上春树曾说："不管全世界所有人怎么说，我都认为自己的感受才是正确的，无论别人怎么看，我绝不打乱自己的节奏，喜欢的事自然可以坚持，不喜欢的怎么也长久不了。"不要让任何人打乱你人生的节奏。每个人都有自己的发展时区，如下图所示。

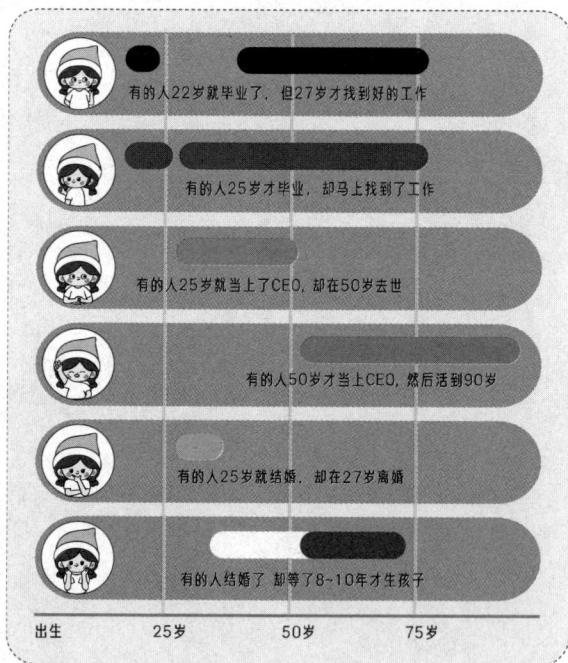

有的人22岁就毕业了，但27岁才找到好的工作

有的人25岁才毕业，却马上找到了工作

有的人25岁就当上了CEO，却在50岁去世

有的人50岁才当上CEO，然后活到90岁

有的人25岁就结婚，却在27岁离婚

有的人结婚了，却等了8~10年才生孩子

出生　　25岁　　50岁　　75岁

每个人都有自己的时区

有一首小诗很好地诠释了这个道理：

纽约时间比加州时间早三个小时，但加州时间并没有变慢。

世界上每个人本来就有自己的发展时区。

身边有些人看似走在你前面，也有人看似走在你后面。

但其实每个人都在自己的时区里有自己的步程。

不用嫉妒或嘲笑任何人，每个人都在自己的时区里，你也是。

生命就是等待正确的行动时机。

因此，放轻松，你没有落后，你也没有领先。

在命运为你安排的属于自己的时区里，一切都会准时。

愿你专注于自己的方向，保持自己的生活节奏，完善自己的正循环，稳步发展，不断前行。